모든 세대가 함께 드리는 **성탄절 예배 프로그램**

모두를 위한 성탄절

Arrange _ 임 호, 김성현, 이은아, 전지훈
Lecture _ 권광은, 안덕원, 정유성, 채윤성

All for Worship
함께 만드는 예배자들의 이야기

추천의 글

송금섭 _ 미국 Southwestern Baptist Seminary의 석좌교수

급변하는 현대적 문화시대에, 교회음악, 특히 예배음악이 성경적 중심을 잃고 오랫동안 심각한 혼란 중에 방황하고 있습니다. 이뿐 아니라 교회는 물론, 심지어 교회음악 교과과정을 통하여 전문적인 교회음악 교육을 실시하고 있는 대학교들과 신학교들에서도 세대적 갈등, 문화적 갈등으로 인한 교회음악을 향한 교육방법과 적용에 관한 논쟁은 끊임이 없는 것 같습니다.

더불어 올바른 예배음악 리더십에 관한 교육 부재와 이해 부족으로 인한 균형 잡히지 않은 예배인도는, 결과적으로 성도들의 영적 생활을 온전한 방향으로 인도하지 못하게 된다는 사실을 알아야 합니다. 이러한 현대적 교회 문화 시대에서의 지나치게 새로운 형태로 치우친 예배방식과 교회 운영 리더십은 구세대와 신세대 간의 예배적 갈등의 골을 날이 갈수록 더 깊어지게 만들 수 있습니다.

이런 상황속에서 시작때부터 응원하고 지지하던 올포워십의 채윤성 목사님으로부터 연락을 받았습니다. 한 교회를 대상으로 세대를 아우르는 예배프로그램을 통해서 그 기준을 세워갈 수 있는 교재를 준비하고 있다는 이야기였습니다.

예배 순서와 그 내용을 보니 오늘날 많은 교회들에게 성경적 기준과 예배의 질서를 잘 알고 인도하며 진행케 해 줄 수 있는 중요한 길잡이 역할을 해 줄 수 있을 것으로 생각됩니다. 오늘날 많은 교회들에게 사용되어 올바른 예배와 예배음악에 대한 논쟁과 골을 풀어갈 수 있기를 기대하며 추천드립니다.

송금섭

중앙대학교 성악과, 미국 사우스캐롤라이나대학원과 남침례신학대학원에서 수학하였으며, 수원중앙침례교회 수석부목사 및 음악목사, 세계침례교총회음악위원, 아시아 태평양 침례교연맹 부총회장, 극동방송 Music consultant를 역임하였다. 현재 미국 Southwestern Baptist Seminary의 석좌교수로 음악목회학, 예배학, 음악목회 행정과 리더십 등을 가르치고 있다. 달라스 세미한교회 협동목사(음악총감독)으로 사역하고 있으며, Southwestern Chapel Orchestra 와 Southwestern International Children's Choir, Southwestern Chamber Chorale을 지휘하고 있다. 북미주와 남미, 그리고 한국을 비롯한 동남아 지역을 수시로 순회하고 있다.

모든 세대가 함께 드리는 성탄절 예배 프로그램

모두를 위한 성탄절

성탄절의 영어명칭인 크리스마스(Christmas)는 '그리스도께 드리는 예배미사(Christ mass)'라는 단어의 줄임말로서 우리의 구주로 오신 아기 예수님의 탄생을 축하하는 예배 의식을 드리는 날이라는 뜻입니다. 성탄절의 진정한 의미인 '이땅의 소망'으로 오신 주님을 기억하고 선포하는 예배로 준비했습니다.

특별히 우리들의 '교회'안에는 다양한 연령과 다양한 모습의 성도들이 존재합니다. 누구도 소외되지 않고 예배에 참여하며 함께 고백하는 시간으로 준비하기 위해 전통과 현대, 세대와 세대, 그리고 장르와 장르를 아우르는 예배인 블랜디드 워십(Blended Worship)형식으로 준비했습니다.

이를 위해 마음을 모아 애써주신 편곡자 임호, 김성현, 이은아, 전지훈님께 감사드리며 함께 예배를 준비하는 마음으로 디자인을 함께 해 주신 조보연님, 커버 그림을 그려주신 우노그래피의 전은호님께도 감사드립니다.

하나님의 몸된 교회로 부름받은 한 영혼이 소망되신 예수님을 만나고 그 이름을 높이는 도구가 되길 소망합니다. 그리고 하나님이 사랑하시는 지역교회가 평화와 소망의 소식을 전해주러 오신 예수 그리스도의 이름으로 하나되는 예배공동체로 하나님께 드려지길 소망합니다.

_ 올포워십 편집장 **채윤성**

모든 세대가 함께 드리는 성탄절 예배 프로그램

편곡자 Arranger

임호 _ 전체 뮤직디렉터, 밴드

서울예고 작곡 전공, 서울대학교 작곡 전공, 세종대학교 대학원 실용음악학과 졸업(석사)
前) 낮은울타리 실용음악원 강사, 서울종합예술학교 전임교수, 세종대학교 실용음악과 강사
現) 더사랑의교회 뮤직디렉터, 명지대학교 미래융합대학 뮤직컨텐츠학과 출강,
  프로듀서 그룹 'Medici Effect' Crew
  소리엘, 최인혁, 박종호 등 다수 찬양사역자 앨범작업 및 공연 건반, 편곡
  불후의 명곡, 드라마 '최고의 연인', '군주', '사생결단 로맨스' 등 방송음악 및 가요작업 다수

김성현 _ 합창

충남대학교 예술대학 음악과 작곡전공, 침례신학대학교 교회음악대학원 신학/목회음악 전공,
오산침례교회 세교성전 예배음악 전임사역자
제2회 한국창작음악 합창제 공모당선 (곡명 "프뉴마")
2016년 전국신학대학협의회(KAATS) 교회음악부분 우수논문 선정
(석사학위논문 "교회음악 사역에서 가상악기의 활용방안에 대한 연구")

이은아 _ 합창

백석예술대학교 피아노전공
연세중앙침례교회 글로리아 예수찬양선교단 2기 역임
現) 오산침례교회 세교성전 예배음악 편곡 및 반주,
  다수의 앨범 건반 작업

전지훈 _ 오케스트라

부평 은광교회 출석, 반주자
경기대학교 전자디지털음악학과 재
홀리그라운드 〈주 나를 일으키네(여호수아의 노래)〉 편곡
MINSU X Fuzzy 〈우울의 조각들〉 Mix
2017나라사랑축제 〈삼천리 반도 금수강산〉 편곡 참여

모든 세대가 함께 드리는 **성탄절 예배 프로그램**

3	추천사	
4	편집인의 글	
5	편곡자 소개	
8	전체 예배순서 및 활용법	

01

12	Lecture 01	성탄절의 기원, 의미, 그리고 예전적 이해
16	입례송	기쁘다 구주 오셨네
18	송영	영광 나라 천사들아

02

20	Lecture 02	세대가 함께드리는 예배의 중요성
24	회중찬송	사랑의 왕/ 천사들의 노래가
40	경배의 찬양	사랑의 왕/ 천사들의 노래가/ 예수 열방의 소망/ 살아계신 주
45	송영	참 반가운 성도여(후렴)

모든 세대가 함께 드리는 성탄절 예배 프로그램

03

48	Lecture 03	예배찬양사역팀의 중요성
51	찬송	천사 찬송하기를
58	송영(기도송)	저 들밖에 한 밤중에

04

62	Lecture 04	블랜디드 워십의 이해
66	찬양(찬양대 합창곡)	예수 그리스도의 탄생, 우리의 소망!
79	찬송(헌신의 찬양)	이 몸의 소망 무언가/ 살아계신 주

05

88	Lecture 05	예배찬양사역자의 역할
92	봉헌/송영	귀중한 보배합을
95	찬송(파송의 찬양)	참 반가운 성도여

106	밴드스코어 악보모음

모든 세대가 함께 드리는 성탄절 예배 프로그램

전체 **예배순서** 및 **활용법**

✯ Traditional Worship

순서	내용
입례송	회중찬양
예배의 부름	인도자
송영	찬양대
기원	인도자
찬송	회중찬양
오신 주님을 영접하는 기도	다같이
신앙고백	사도신경
송영	찬양대
성시교독	교독문
찬송	회중찬양
기도	대표기도
송영	찬양대
성경봉독	
찬양대 찬양	찬양대
설교	설교자
기도	설교자
찬송	회중찬양
봉헌송	독창자
봉헌	회중찬양
송영	찬양대
광고	인도자
찬송	회중찬양
축도	설교자
송영	찬양대
폐회송	

모든 세대가 함께 드리는 성탄절 예배 프로그램

전체 예배순서 및 활용법

Blended Worship

순서	내용
나아감의 찬양(입례송)	회중찬양
예배의 부름	인도자
송영	찬양대
경배의 찬양	찬양팀
오신 주님을 영접하는 기도	다같이
신앙고백	사도신경
송영	찬양대
성경봉독	
찬양대 찬양	찬양대
설교	설교자
헌신의 찬양	다같이
봉헌송	독창자
봉헌	회중찬양
송영	찬양대
광고	인도자
파송의 찬양	다같이
축도	설교자
송영	찬양대
폐회송	

활용법

1. 어린이 및 청소년 찬양팀/찬양대도 함께 참여할 수 있도록 음역을 조정하였습니다.
2. 음악적 편곡 뿐 아니라 예배강의를 통해 예배찬양사역팀으로서, 그리고 성탄예배를 준비하는 과정의 의미를 함께 나누실 수 있습니다.
3. 지역교회의 전통적 예배순서로 많이 쓰이는 '예배의 4중구조'의 예배형태를 활용하여 제작했습니다.
4. 'Blended Worship' 형태와 교회의 예배신학의 기준에 따라 '전통적인 Traditional Worship'의 두 가지 버전으로 활용하실 수 있도록 제작했습니다. (밴드중심의 Blended Worship으로도 활용하실 수 있습니다.)
5. 연습에 필요한 각 곡의 연주가이드를 각종 음원사이트 및 유튜브에서 들으실 수 있습니다..

01

Lecture 01 성탄절의 기원, 의미, 예전적 이해
- 기쁘다 구주 오셨네
- 영광 나라 천사들아

Lecture 01

성탄절의 기원, 의미, 예전적 이해

안덕원 교수 _ 횃불트리니티 신학대학원대학교

크리스마스의 어원

크리스마스(Chrismas)는 라틴어 '크리스투스'(Christus)와 미사(Missa)가 합해진 것입니다. 즉 그리스도와 미사를 묶은 것인데 그리스도를 예배한다는 의미라고 할 수 있겠습니다. 잘 아는 대로 X-mas라는 약어로도 사용되는데 헬라어로 그리스도의 첫 글자인 X를 사용한 것으로 의미는 크리스마스와 동일합니다. 어원으로 살펴보면 성탄절의 목적이 무엇이고 주인공이 누구인지 분명해집니다. 성탄절은 "예수 그리스도를 예배하는 날"입니다.

12월 25일이 예수 그리스도의 생일인가?[1]

결론부터 말씀드리면 "알 수 없다" 혹은 "알 길이 없다"입니다. 이는 예수 그리스도의 탄생에 대한 자료가 불충분하기 때문입니다. 사실 초대교회에서는 예수 그리스도의 죽으심과 부활이 더 중요했고 탄생에 대해서는 부활에 비해 관심이 덜 했다고 볼 수 있습니다.

여러 가지 자료들이 초대교회교인들이 성탄절을 예수 그리스도의 생일로 여기고 축하했다고 기록하고는 있지만 그 기원에 대한 의견은 분분합니다.

2세기 후반 알렉산드리아의 클레멘스는 예수 그리스도의 탄생을 기념하여 12월 25일이 아닌 1월 6일이나 10일, 4월 19일이나 20일, 5월 20일, 11월 18일에 축하했다는 이야기를 전해줍니다. 그렇다면 우리는 2세기 후반까지 다양한 날에 예수님의 탄생을 기념했다는 가정을 할 수 있습니다. 즉 처음부터 12월 25일로 확정되지는 않았다는 것이죠. 분명한 것은 적어도 4세기 초에는 로마에서 12월 25일에 성탄절을 축하했다는 사실입니다. 아마도 춘분 후 4일 째 되는 날인 3월 25일을 예수 그리스도께서 십자가에서 죽으신 것으로 알려져 있고(초대교회 감독들인 터툴리안이나 히폴리투스도 그렇게 이야기했습니다) 소위 영웅들, 구약의 족장들의 수태일은 사망일과 같다고 생각했기에 마리아의 수태일도 3월 25일로 믿었고 그렇게 계산을 하니 12월 25일

---

[1] 성탄절의 기원과 의미에 대한 내용은 다음 두 책에서 요약 정리한 것입니다. James F. White, Introduction to Christian Worship-Third Edition Revised and Expanded (Nashville: Abingdon Press. 2000), 61-62. J. Gunstone, "Christmas," in J.G. Davis Ed., The New Westminster Dictionary of Liturgy and Worship (Philadelphia: The Westminster Press, 1986), 171.

이 성탄절이 된 것입니다. 이는 정확한 역사적 사실이라고 보기 어렵습니다.

로마제국의 미트라스교와의 연관성 속에서 성탄절의 기원을 찾기도 합니다. 미트라스교에서 12월 25일은 '정복되지 않은 태양의 탄생일(dies natalis solis invicti)이며 태양신 미트라스의 생일입니다. 교회가 이 문화를 받아들여서 빛으로 오신 주님의 탄생과 연결시켰다는 주장이죠. 일종의 문화변용 혹은 토착화가 이루어진 셈인데 이 또한 확실하다고 보기는 어렵습니다. 물론 세상의 빛이신 주님을, 빛으로 오신 주님을 강조한다는 면에서 연관성이 없지 않습니다.

참고로 성탄절이 12월 25일이라는 가장 오래된 역사적 기록으로서는 로마 교회의 감독 다마수스의 친구이며 필사전문가인 필로칼루스가 편찬한 연대기(354년)가 있습니다. 336년 로마교회의 순교자 명부에 예수그리스도의 탄생이 12월 25일로 나온 것을 기초로 하여 작성한 것으로 알려져 있습니다.

한편 동방교회는 예수님이 십자가에서 돌아가신 날짜를 4월 6일로 보았기에 당연히 1월 6일은 탄생일로 여겼습니다. 잘 알려진 대로 동방교회는 1월 6일이 주현절이자 성탄절로 지키고 있습니다.

성탄절의 기원은 상당히 모호합니다. 12월 25일이 정확한 역사적 근거를 가지고 있지 않습니다. 그러나 정확한 날짜를 모른다는 것이 성탄절의 의미를 결코 퇴색시키지 못합니다. 빛으로 오신 예수 그리스도의 성육신의 은혜는 교회의 신학과 예배의 전통에 분명하게 자리를 잡았습니다. 믿음의 선조들은 주님의 탄생과 임마누엘의 축복이 얼마나 중요한지 잘 알고 있었고 예배 속에서 구현해왔습니다. 성탄절을 의미하고 축하하는 수많은 음악, 장식, 예전들은 주님의 탄생을 효과적으로 전할 뿐만 아니라 그 중차대한 의미를 되새기기 위해 만들어진 것들입니다.

성탄절의 주제와 예전적 조언

성탄절의 주제는 당연히 예수 그리스도이며 특별히 성육신하신 주님의 사랑과 은혜가 강조됩니다. '임마누엘' 즉 하나님이 우리와 함께 하심이 성탄절 예배의 신학적 기반이 됩니다. 빛으로 오신 주님께서 세상의 모든 어둠을 몰아내신다는 믿음의 고백과 축하가 있는 기간입니다. 원래는 성탄절부터 주현절까지 12일 동안 축하하는 기간으로 삼았습니다. 현재의 성탄절도 당연히 주현절과의 연속성속에서 축하하고 있지만 대림절(Advent)과도 긴밀하게 연결되어 있습니다.

교회력의 시작이라고 알려진 대림절은 성탄절 전 4주간을 의미합니다. 대림절은 주님께서 오신 것을 기억하며 다시 오실 것을 기대하는 이중적인 의미를 갖습니다. 즉 어넴니시스(anamnesis, 생생한 기억-성찬식의 "나를 기념하라"에서 기념의 의미)

와 프롤렙시스(prolepsis, 천국의 잔치를 미리 맛본다는 의미이자 기대와 소망의 의미)가 함께 있는 것입니다. 성탄절도 동일한 의미를 갖습니다. 단순히 주님께서 오신 것을 기억할 뿐만 아니라 다시 오실 것을 기다리는 날이라는 뜻입니다. 그렇다면 기독교의 예배에서 성탄절이 어떤 의미를 가지고 있으며 어떻게 보내야하는지 그리 어렵지 않게 알 수 있습니다. 우리는 주님의 초림을 기억하고 재림을 기다리는 기쁨과 기대가 가득한 종말론적인 시간으로 삼아야겠습니다.

예수님이 빛으로 오신 분임을 잊지 않고 소망가운데 기다리는 것을 나타내기 위해 대림절 초는 대림절 첫 주일부터 네 번에 걸쳐 나누어 켜고 성탄절에는 하얀 초를 밝혀 예수 그리스도를 상징했습니다. 세상의 모든 어둠을 몰아내고 이 땅에 오신 예수 그리스도를 바라보자는 의미입니다.

성탄절의 대표적인 장식인 성탄목(크리스마스 트리)의 전통에 대해 여러 가지 이야기들이 전해집니다. 일 년 내내 변하지 않는 나무를 사용하여 영원성을 나타낸다거나 루터가 전나무를 가져와 사용했다는 이야기도 전해집니다. 사과를 매달아 에덴동산의 선악과를 상징적으로 상기시키고 빵으로 만나를, 초를 통해 빛으로 오신 주님을 나타냅니다. 물론 요즘에는 이런 상징성이 많이 달라지기는 했습니다만... 리스(Wreath)를 만들어 문에 달아놓거나 집안에 장식하는 것도 잘 알려진 전통입니다.

성탄절에서 빼놓을 수 없는 것이 바로 크리스마스 캐롤입니다. 수많은 찬양들이 주님의 오심을 기억하고 다시 오심을 기대합니다. 그중에서 "오" 안티폰("O" antiphon)"의 전통이 있습니다. The Great Os라고도 부르는, 12월 17일부터 23일까지 "O"로 시작하는 찬양들을 부르는 것입니다. 예를 들면 12월 23일에 부르는 O come, O come, Emmanuel (곧 오소서 임마누엘)과 같은 곡들입니다.[2]

참고로 성탄절의 찬송들을 부르다보면 가사들이 현재형으로 되어 있는 것을 발견할 수 있습니다. '우리 구주 나신 날'(새찬송가 121장)이나 '참 반가운 성도여'(새찬송가 122장)이 대표적인 경우인데 주님의 나심을 현재화 하여 생생하게 기억하며 축하한다는 의미를 가지고 있습니다.

주님으로 돌아가기

닥터 수스(Dr. Suess)가 쓴 "어떻게 그린취가 크리스마스를 훔쳤나?"(How the Grinch Stole Christmas?) 라는 동화가 있습니다. 산꼭대기에서 외롭게 사는 푸른색의 희한한 모습을 한 그린취는 성탄절 이브를 맞아 기쁨에 넘치는 산 아래 마을 사람들의 모습을 봅니다. 선물을 사고 트리를 만드는 것을 보고 얄미워 견딜 수가 없습니다. 고민 끝에 그는 성탄절을 빼앗기로 결심하고 동네를 돌아다니며 선물과 크리스마스장식

---

[2] 카톨릭과 루터교, 그리고 성공회전통에서 주로 부르고 미국 장로교(PCUSA)의 경우 기도의 형태(연도, litany)로 낭독하도록 되어있습니다.

들을 모두 훔쳐옵니다. 그런데 성탄절과 관계된 모든 것을 잃고도 사람들은 여전히 기뻐합니다. 그린취는 기쁨에 넘쳐 성탄의 노래를 부르는 마을 사람들을 물끄러미 바라보며 혼자 묻습니다. "아마도 성탄절은 내가 생각했던 것과는 조금 다른, 더 깊은 의미가 있을지도 몰라!" 그 뭔가 다른 것은 바로 예수께서 우리를 위해 이 땅에 오셨다는 사실과 그로 인한 기쁨입니다. 제 아무리 거창한 선물을 준다 해도 사랑이 없으면 가식에 불과한 것처럼, 제 아무리 특별하게 장식하고 꼼꼼하게 준비한다 해도 그 특별한 시간에 참여하는 이들에게 그 시간의 의미에 대한 인식과 그로 인한 기쁨이 없다면 아무 소용이 없는 것입니다.[3]

정교회 신학자인 알렉산더 슈메만은 누가복음 2장 29-32절에 등장하는 시므온의 노래에 대해 다음과 같이 설명합니다.

"평생을 기다려온 시므온에게 마침내 그 아기 그리스도가 주어진 것이다. 그는 마침내 세상의 생명이신 분을 자기 품에 안았다. 그는 기대와 기다림 중에 있는 온 세상을 대표했고, 그가 감사를 표현하기 위해 했던 말들이 이제 우리의 기도가 되었다. 그가 주님을 알아 볼 수 있었던 것은, 사랑하는 이를 품에 안는 것이 당연한 일이었기 때문이다. 이처럼 그의 기다림의 생애는 마침내 성취되었다...."[4]

성탄절의 의미는 바로 빛으로 오신 주님의 구원의 기쁜 소식을 기억(anamnesis)하고 은혜와 기쁨을 받아 누리며 다시 오실 것을 기대(prolepsis)하는 것입니다. 시므온이 누렸던 감격이 예수 그리스도를 예배하는 모든 이들에게 가득하기를 소망합니다. 곧 오소서 임마누엘!

---

[3] 이 부분은 필자의 졸고에서 발췌한 것입니다. 안덕원, "주일을 주일답게, 절기를 절기답게," 「활천」 628호(2006.3), 83.

[4] 알렉산더 슈메만/이종태 역, 『세상에 생명을 주는 예배』(서울: 복있는 사람, 2008), 92-93.

> **[나눔을 위한 질문]**
>
> 1. 성탄절의 주제는 무엇인가?
> 2. 성탄절의 의미를 나 자신에게 적용시킨다면 어떻게 할 수 있을까?

안덕원

서울신학대학교에서 신학을, 서강대학교에서 종교학을 공부했으며 미국의 드루(Drew)대학교에서 석사(M.Div,1997)를 마치고 같은 학교에서 기독교 예전을 전공하여 박사(Ph.D,2004)학위를 취득했다. 이후 드루대학교에서 풀타임 교수로 4년 동안 예배와 설교를 가르쳤으며 뉴욕 한빛교회와 서울 한우리교회에서 영어예배 담당목사로, 뉴저지 시온성교회의 담임목사 로 사역하였으며 2012년부터 횃불트리니티신학대학원 대학교에서 실천신학을 가르치고 있다.

기쁘다 구주 오셨네

입례송 - 회중찬양

원곡 새찬송가 115장
편곡 김성현, 이은아

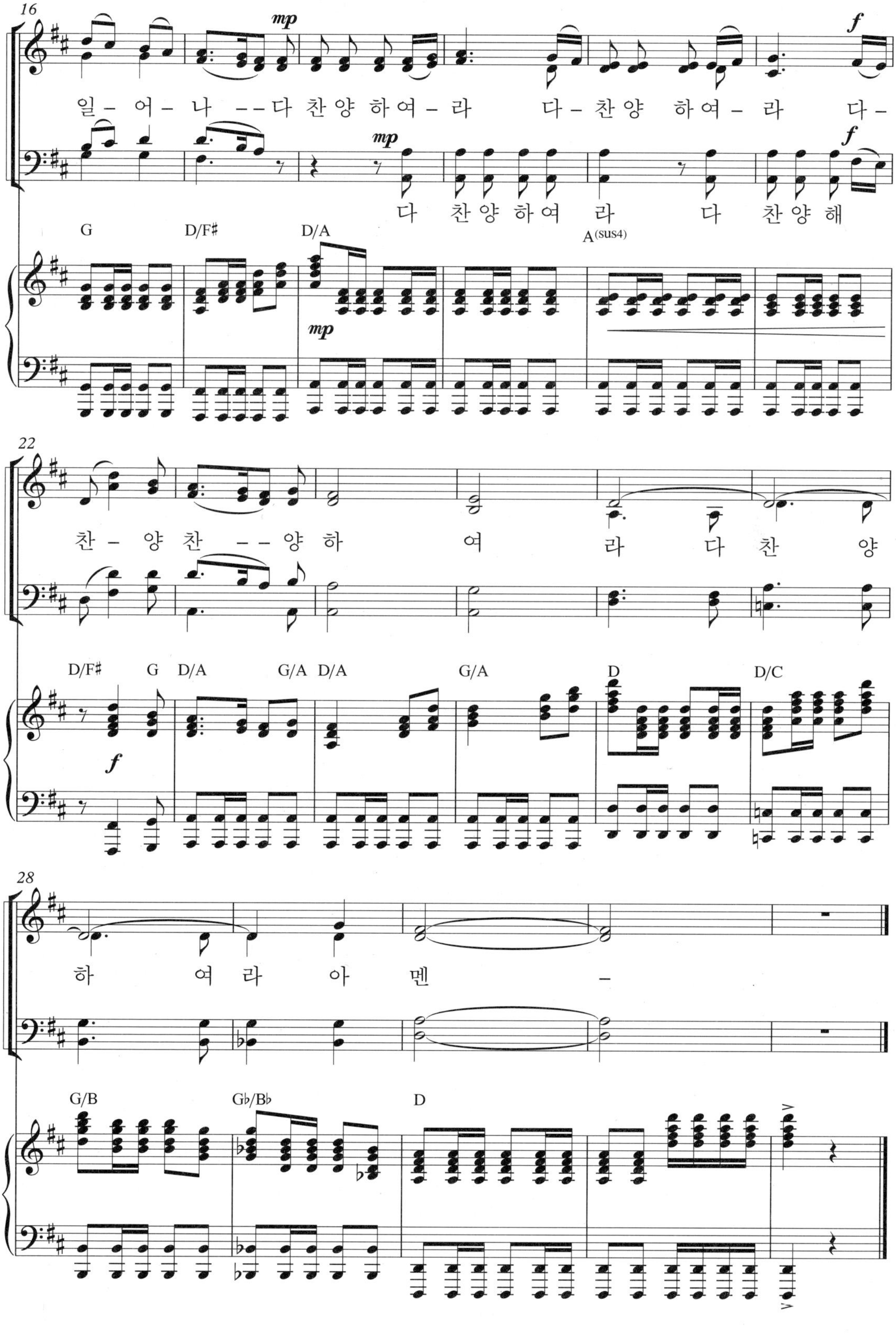
16
mp
f
일 – 어 – 나 – – 다 찬 양 하 여 – 라 다 – 찬 양 하 여 – 라 다 –
mp
f
다 찬 양 하 여 라 다 찬 양 해
G D/F♯ D/A A(sus4)
mp
22
찬 – 양 찬 – – 양 하 여 라 다 찬 양
D/F♯ G D/A G/A D/A G/A D D/C
f
28
하 여 라 아 멘 –
G/B G♭/B♭ D

영광나라 천사들아

송영 - 찬양대

원곡 새찬송가 118장
편곡 김성현, 이은아

02

Lecture 02 세대가 함께 드리는 예배의 중요성
- 사랑의 왕 / 천사들의 노래가
- 예수 열방의 소망 / 이 몸의 소망 무언가

Lecture 02

세대가 함께 드리는 예배의 중요성

정유성 목사 _ 덴버한인북부교회

    요즘은 한국 안에도 주일아침에 부모세대와 자녀세대가 다른 예배공간으로 들어갔다가 나중에 함께 만나는 일반적인 틀을 깨고, 모두 함께 한 공간에서 드리는 온세대 예배(Whole Generation Worship)를 전략적으로 목회의 중심에 두는 교회들이 많이 있다는 소식을 듣습니다. 쉽진 않겠지만, 온 교회가 예배 안에서 한 마음과 한 방향으로 부모세대의 신앙의 유산이 자녀세대로 이어지게 하기 위해서 변화와 개혁을 두려워하지 않는 도전적인 공동체들을 보면, 부러울 때도 있습니다. 이 곳 미국에도 대형교회를 빼고는 많은 미국교회들이 주일예배를 드릴 때, 예배 시간의 전반부는 온가족이 함께 드리다가, 설교자가 어린이들과 학생들을 설교단 앞으로 불러내서 5분정도 설교 본문을 가지고 그들을 위해 알아듣기 쉬운 설교를 하고, 그 2세들을 데리고 교사나 사역자들이 예배당 밖으로 나가서는 공과공부나 특별활동들을 하고, 예배당에 남은 1세들은 다시 설교를 듣고, 예배를 마치는 교회들이 꽤 많습니다. 유행처럼 많은 한인 이민교회들도 그렇게 드렸지만, 여전히 온세대 예배는 생각만큼 쉬운 문제는 아닙니다.

왜 온세대 예배가 필요한가?

    자녀세대가 교회를 떠나고 있다는 우려와 탄식의 소리가 점점 커지는 요즘, 그래서 그런지 세대가 다 함께 드리는 예배에 대한 필요의 목소리도 점점 커지고 있습니다. 한국의 교회들도 그렇고 제가 사역하고 있는 이민교회들도 마찬가지입니다. 고등학교를 졸업하고 대학이나 사회 안으로 들어가게 되면, 스스로 신앙을 지키고 교회공동체에 연결되어서 학업과 믿음을 세워가기가 여간 어려운 일이 아닙니다. 그렇기 때문에 '어려서부터 하나님의 사랑을 체험하고 예수님의 십자가 구원에 대한 확신을 가지고, 예배의 기쁨을 알고, 말씀 안에 들려주시는 메시지를 스스로 받아내는 훈련이 든든히 되어 있어야 한다…'라는 의견에 누구나 동의를 합니다.

    하지만, 현실과 현장은 항상 그렇지만은 않습니다. 탁월하게 훈련되고 준비된 교

---

1) 성탄절의 기원과 의미에 대한 내용은 다음 두 책에서 요약 정리한 것입니다. James F. White, Introduction to Christian Worship-Third Edition Revised and Expanded (Nashville: Abingdon Press, 2000), 61-62. J. Gunstone, "Christmas," in J.G. Davis Ed., The New Westminster Dictionary of Liturgy and Worship (Philadelphia: The Westminster Press, 1986), 171.

육부 사역자와 교사들이 특성별로 포진되어 있지 않고, 교육의 환경과 여건도 세련되고 탁월하게 조성되어 있지 않은 대부분의 지역교회 주일학교 예배에서, '예배의 집중력을 탄력 있게 유지하는 것'은 얼마나 어려운 일인지 모릅니다. 빠름과 자극을 신격화하고 있는 시대가 제공하는 미디어들에 길들여져 있는 21세기의 자녀 세대와, 아날로그 감성과 옛 추억에 항상 목마른 장년 세대, 그리고 인생의 가장 바쁘고 힘든 시간을 보내고 있는 청중년 세대들이 한 자리에, 한 시간에, 한 방향으로 예배를 드린다는 것은 어렵다는 차원을 넘어서, 효율적이지 않아 보이고, 그리 큰 효과도 기대하기 어려워 보입니다. 그럼에도 불구하고 온세대 예배 안에는 '불편하지만 포기할 수 없는 가치'가 있습니다.

불편하지만 충분한 가치가 있다

18세기 영국의 로버트 레이크스(R. Raikes)가 문맹퇴치와 복음전도를 목적으로 시작한 주일학교(Sunday School)가 미국으로 건너가서 본격적으로 자리를 잡았고, 이어 한국교회에도 들어오면서 긍정적인 효과와 교회성장의 효자노릇을 톡톡히 한 건 사실입니다. 하지만 그 주일학교 사역을 통해서 오히려 세대간의 예배가 너무나 자연스럽게 구분되고 선이 생겨 버린 것도 사실입니다. 가정안에서도 부모와 자녀들이 함께 공유하고 공감하는 시간과 공간들이 사라져 가는데, 교회 안에서도 그런 시간과 공간들이 없으니 "신앙유산의 전수(傳授)"라는 과제를 수행하기가 너무 어려워졌다는 것입니다. 역대하 20장 13절에는 여호사밧 왕이 대적들의 큰 공격과 위협 앞에서 온 백성들을 모아서 하나님 앞에 나가는 예배의 장면이 나옵니다. 위험과 죽음에 대한 개념도 없던 어린아이들과, 위험과 죽음에 전혀 대처할 힘이 없던 노인들까지, "유다 모든 사람들이 그의 아내와 자녀와 어린이와 더불어 여호와 앞에 섰더라"고 성경은 말합니다. 예배가 하나님 앞에 나가는 것이기 때문에, 개인적으로는 역대하의 이 장면이 온세대 예배의 샘플처럼 다가옵니다.

온세대 예배를 이해할 때 저는 가족 공동체의 식사시간을 한 번 생각해 봤습니다. "적어도 일주일에 한 번은 온 식구가 같이 식탁에 앉아서 식사를 하자!" 이런 대화는 우리 주변에서 심심치 않게 들리는 말입니다. 온 가족들의 스케줄이 각자 너무 다르지만, 그래도 적어도 가끔은 식사를 함께 해야 가족으로써의 정체성이 유지된다는 의미로 들립니다. 물론, 그렇게 모인다고 해도 서로 간에 특별한 대화의 내용은 없을 수 있습니다. 먹는 속도가 빠른 사람도 있고, 느린 사람도 있습니다. 간이 쎈 음식을 좋아하는 사람도 있고, 싱거운 음식을 좋아하는 사람도 있습니다. 하지만, 모두 함께

식사 자리에 앉아서 그 식사 시간을 공유합니다. 불편하지만 충분한 가치가 있는 시간이기 때문입니다. 불편함의 내용들을 꺼내보면 끝도 없을 것입니다. 하지만, 가치를 인정한다면, 불편함을 견딜 수 있게 됩니다. 예수님이 십자가의 가치를 하나님 앞에서 인정하셨기 때문에, 고통과 죽음의 불편함을 견디신 것처럼 말입니다.

의외로 단단한 음식들을 잘 먹는다

세대가 함께 드리는 예배에 대한 가장 큰 선입견은 "2세들은 1세들의 예배를 어려워할 것이다"라는 것입니다. 더욱이 이민교회의 2세들은 영어를 주로 사용합니다. 한국말은 생활언어들은 잘 알아 듣지만, 성경말씀, 기독교용어 들은 어려워하고, 말하기는 더 힘들어 합니다. 그래서 더더욱 영어가 편한 1세들이 많은 교회가 아니면, '온세대 예배'를 시도하는 것 조차 어렵습니다. 저희 교회도 올 해부터 매월 둘째 토요일 아침 8시에 [온가족이 함께 드리는 토요 아침예배]를 신설해서 드리고 있는데, 제가 아무리 최선을 다해서 영어권 성도와 2세들을 위해 자막과 컨텐츠들을 준비해도, 한계가 있습니다. 발음 하나만 좀 이상해도 전혀 알아듣지 못하는 경우가 있습니다. 그런데 한 날은 미국에서 태어난 중학생인 저희 아이들이 집으로 가는 길에 아빠의 설교를 잘 알아듣고 이해했다는 말을 했습니다. 디테일이 아니라 큰 그림을 이해한 것입니다. 그 때 깨달았습니다. 자녀세대들을 배려한다고 너무 무른 음식만 준비하는 것이 오히려 온세대 예배의 장애물이 될 수도 있겠구나... 하는 것입니다.

실제로, 온세대 예배가 잘 세팅된 교회들을 보면 절대로 아이들 눈높이에 예배를 맞추지 않습니다. 오히려 좀 심하다 싶을 정도로 성인세대 중심의 예배를 드립니다. 그런데, 놀랍게도 그 포인트가 오히려 세대를 관통하는 포인트가 되었다는 것입니다. 생각해 보면, 저희 교회도 성금요예배나 성탄절예배, 송구영신예배등은 꼭 온세대 예배로 드리는데, 그 예배를 준비할 때 싱겁고 부드러운 것들이 아니라, 본질과 원칙에 더 충실하려고 했습니다. 찬송도 어줍잖은 영어찬송이 아니라, 어른 찬송을 부르고, 기도도 짧고 간단하게 하지 않고 충분히 합니다. 설교도 예화나 멀티미디어를 화려하게 준비하지 않고 오히려 딱딱하게 느껴질 정도로 전하는데, 나쁜 평가는 없었던 것 같습니다.

가정에서 교회로, 교회에서 세상으로

자녀들의 신앙교육을 일주일에 한 두 시간 만나는 교회에만 일임하는 무책임한 부모세대들이 꽤 많습니다. 집에서는 단 한 번도 찬송소리, 성경책 넘기는 소리, 기도 소리가 들리지 않으면서, 교회에서 그 짧은 시간에 뭔가 우리 아이들 신앙의 기적적인 성장과 성숙을 만들어 내길 기대하는 것은 욕심입니다. 가정에서 시작되어야 합니다. 이 시대의 교회들이 포기하지 말아야 할 온세대 예배의 출발점은 그래서 가정이 되어야 합니다. 저희 가정도, 아이들이 3-4살 때 가정예배를 드릴 때에도 찬송과 기도와 말씀을 아이들 눈높이에 두지 않았습니다. 물론 성경은 쉬운 한국말 성경을 읽게 했지만, 적어도 매월 1곡씩 어른 찬송가를 부르고, 배우고, 녹화해서 동영상을 지금까지 보관하고 있습니다. (나중에 시집 장가갈 때 배우자들에게 보여줄까 합니다) 뜻도 정확히 이해 못하고 불렀겠지만, 그 찬송이 저희 아이들의 영혼과 삶의 깊은 곳에 스며들어 있길 소망해서 그랬습니다. 가정 안에서 시작된 신앙의 전수가 교회로 흘러가고, 교회 안에서 단단하게 뭉쳐지고 모아진 믿음의 습관들이, 세상 안에서도 세상이 감당 못하는 믿음으로 살게 합니다. 세상을 감당 못하는 믿음이 너무나 많은 이 시대에, 그래서 온세대 예배를 통한 신앙의 전수가 더 중요하고 의미 있다고 믿습니다.

온세대 예배는 자녀세대만을 위한 예배가 아니라, 모두를 위한 예배

사람은 누구나 보는 것에 영향을 받습니다. 바라보는 곳으로 가고, 늘 보는 사람을 닮습니다. 온세대 예배는 자녀세대만을 위한 예배가 아닙니다. 자녀세대는 부모세대가 하나님을 섬기고 찬양하고 경배하고 말씀을 받는 모습을 보면서 믿음이 성장하고, 부모세대도 자녀세대가 자신을 보고 있다는 사실을 인식하는 순간, 그들의 얼굴을 보면서 자신의 영적 옷가짐과 매무새를 고칠 수 있어야 할 것입니다.

> [나눔을 위한 질문]
>
> 1. 온세대 예배가 필요한 건 알겠지만, 실제로 부딪히게 되는 문제나 어려움, 불편함은 무엇이 있을까요?
>
> 2. '가치가 있으면 불편함을 참을 수 있다'는 말에 동의하십니까? 그렇다면, 시선을 불편함이 아니라 가치에 두어야 합니다. 다시 한 번 개인적인 언어와 자리에서 온세대 예배의 가치에 대해서 나눠보시기 바랍니다.

정유성

미국 콜로라도주 덴버시의 북쪽지역에 위치한 '덴버한인북부장로교회'를 담임하고 있는 정유성 목사는, [전문성을 가진 찬양사역자]와 [지역교회 담임목회자]라는 두 가지 정체성이 어떻게 효과적으로 연결되고 다듬어져서 지역 교회를 세워 가는가를 뿌리 깊게 고민하면서 길을 만들어 가고 있는 중이다. 한국에서는 광림교회 유다지파와 부흥한국 사역을 통해서, 그리고 미국에서는 남가주 사랑의교회 화요찬양과 예배공동체 Worshippers, 북미주 코스타, 그리고 지난 2009년부터 시작한 프뉴마 워십 사역을 통해서 그 사명을 감당하고 있다. 목회자, 예배인도자, 작사, 작곡가로 사역을 하다가 지난 2015년 가을에 '시편 151편' 하나님의 이야기는 아직 끝나지 않았습니다(트리니티)'라는 개인음반과 서적을 출시하기도 했으며, 정혜승 사모와 노아, 지나, 두 자녀와 함께 살고 있다.

사랑의 왕, 천사들의 노래가

회중찬양

사랑의 왕 : Words and Music by Rodger Strader
Arr. by Bob Krogstad
주정식 역
천사들의 노래가 : 원곡 새찬송가 125장
편곡 김성현, 이은아

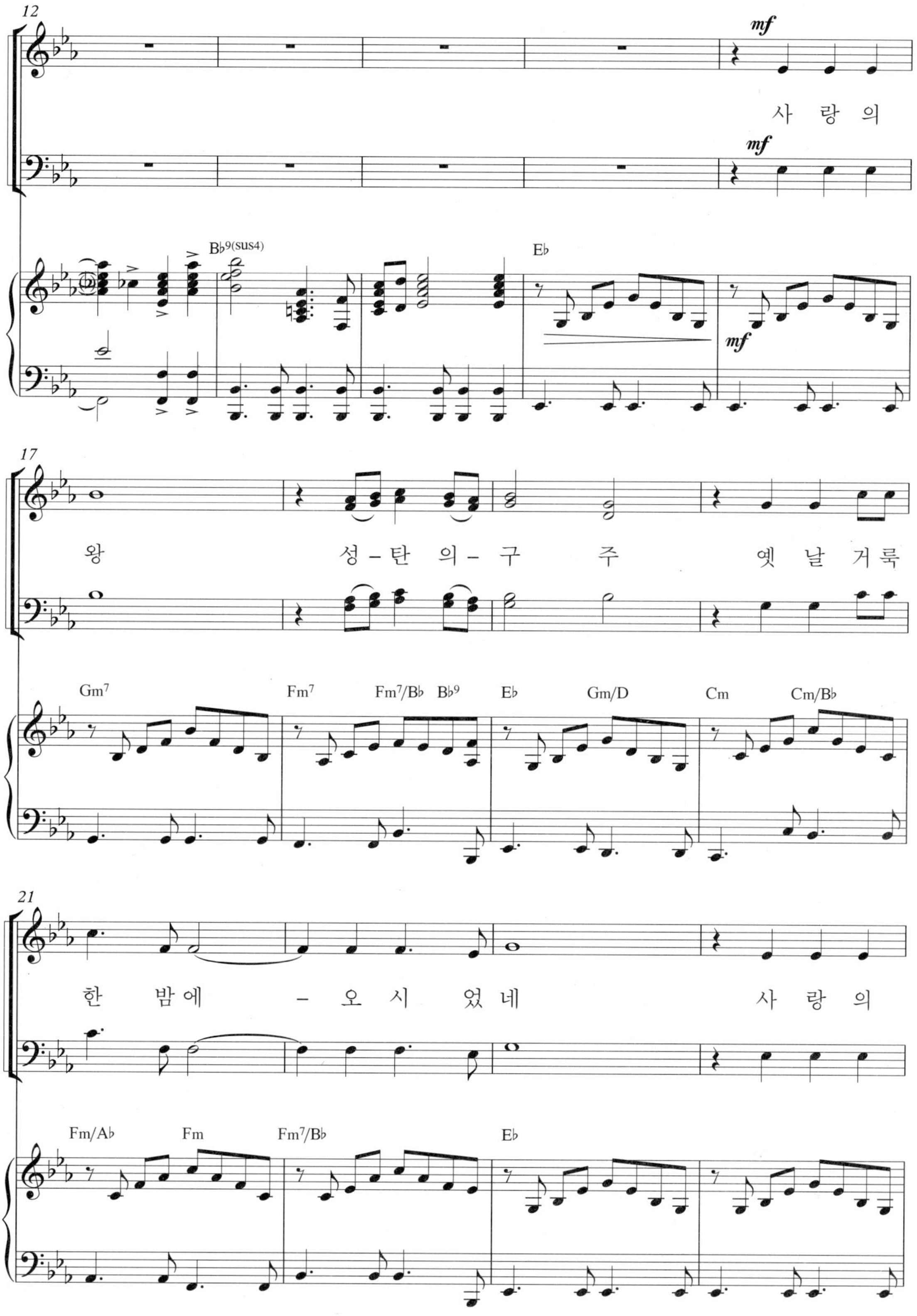
12
mf
사 랑 의
Bb9(sus4)
Eb
17
왕 성 – 탄 의 – 구 주 옛 날 거 룩
Gm7
Fm7
Fm7/Bb
Bb9
Gm/D
Cm
Cm/Bb
21
한 밤 에 – 오 시 었 네 사 랑 의
Fm/Ab
Fm

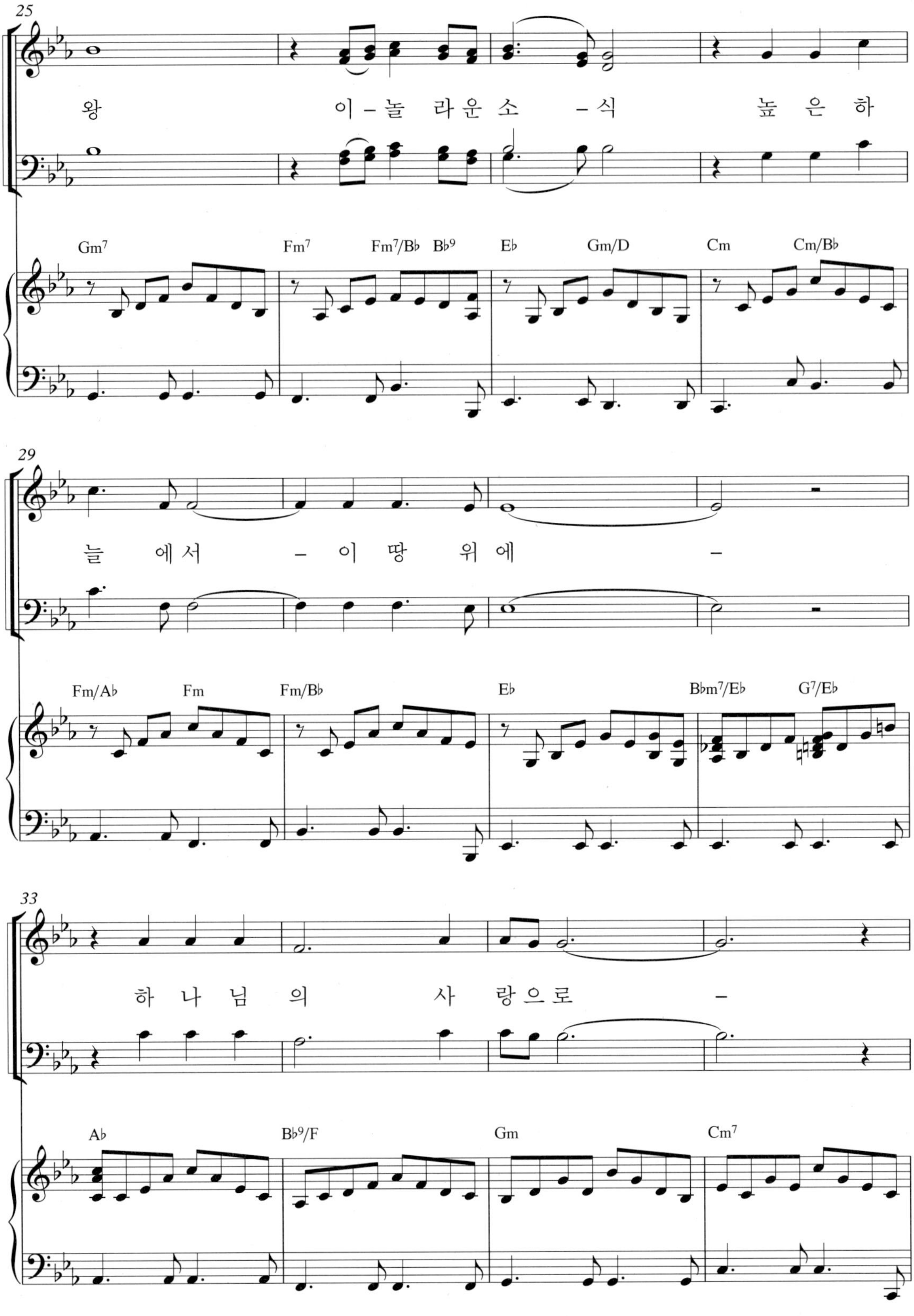
25
왕 이 – 놀 라운 소 – 식 높 은 하
Gm7 Fm7 Fm7/B♭ B♭9 E♭ Gm/D Cm Cm/B♭
29
늘 에서 – 이 땅 위 에 –
Fm/A♭ Fm Fm/B♭ E♭ B♭m7/E♭ G7/E♭
33
하 나 님 의 사 랑으로 –
A♭ B♭9/F Gm Cm7

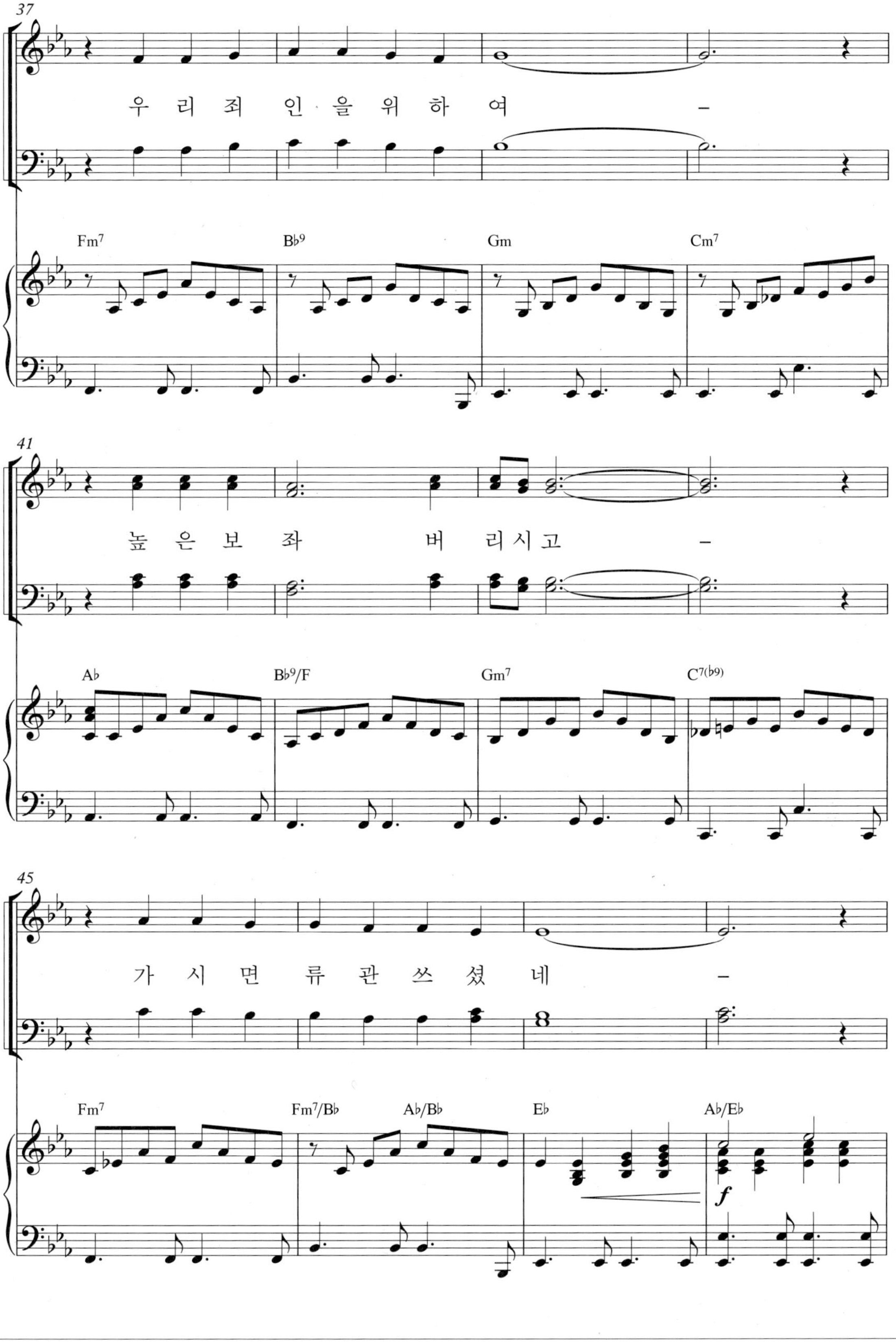
37
우 리 죄 인 을 위 하 여 –
Fm7
B♭9
Gm
Cm7
41
높 은 보 좌 버 리 시 고 –
A♭
B♭9/F
Gm7
C7(♭9)
45
가 시 면 류 관 쓰 셨 네 –
Fm7
Fm7/B♭
A♭/B♭
E♭
A♭/E♭
f

사랑의 왕, 천사들의 노래가 | 회중찬양

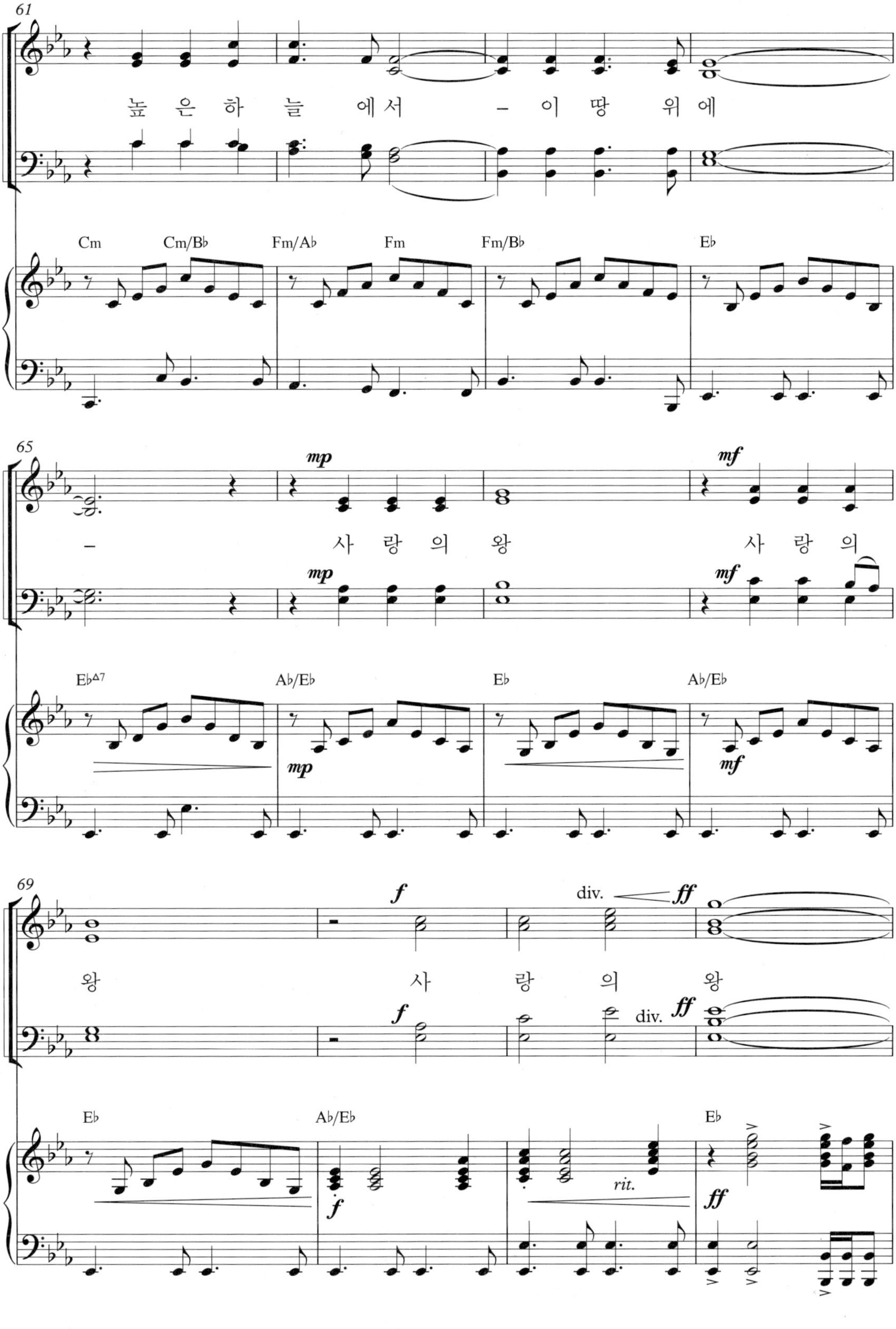
61
높 은 하 늘 에 서 – 이 땅 위 에
Cm Cm/B♭ Fm/A♭ Fm Fm/B♭ E♭
65
mp
mf
– 사 랑 의 왕 사 랑 의
E♭Δ7 A♭/E♭ E♭ A♭/E♭
69
f
div.
ff
왕 사 랑 의 왕
E♭ A♭/E♭ E♭
rit.

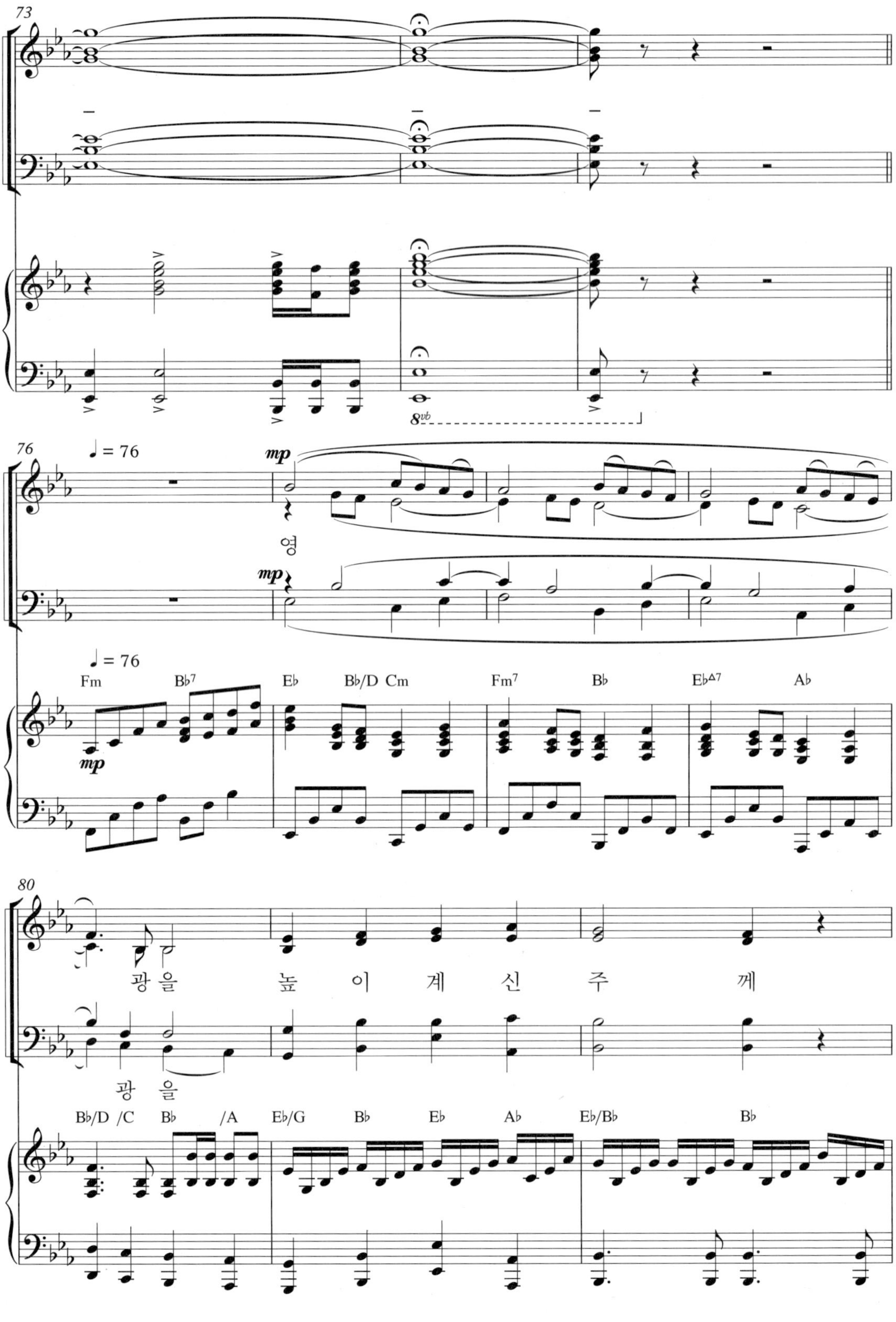

73
8vb
76
♩ = 76
mp
영
mp
♩ = 76
Fm B♭7 E♭ B♭/D Cm Fm7 B♭ E♭Δ7 A♭
mp
80
광 을 높 이 계 신 주 께
광 을
B♭/D /C B♭ /A E♭/G B♭ E♭ A♭ E♭/B♭ B♭

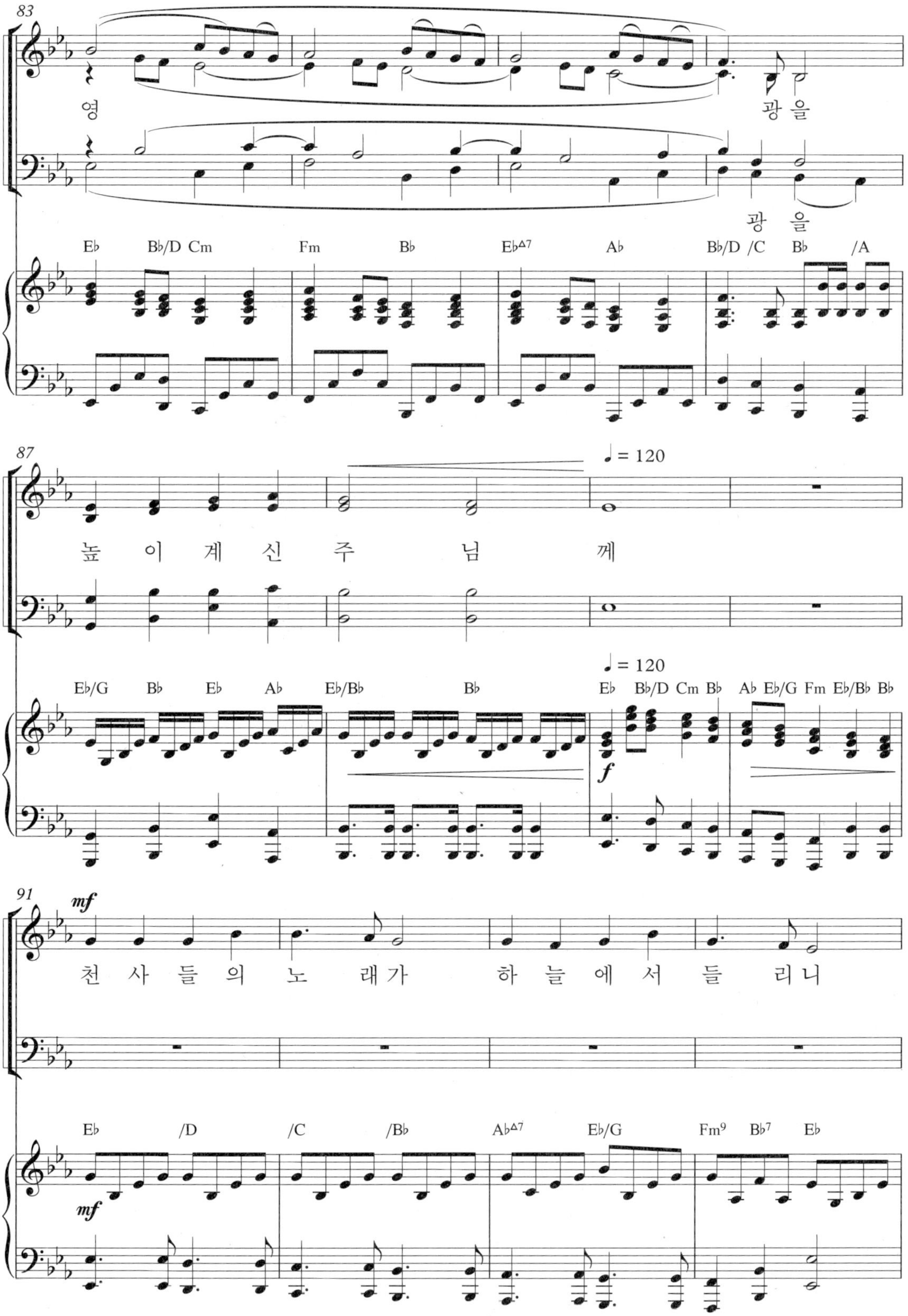
83
영
광 을
광 을
E♭ B♭/D Cm Fm B♭ E♭Δ7 A♭ B♭/D /C B♭ /A
87
♩= 120
높 이 계 신 주 님 께
♩= 120
E♭/G B♭ E♭ A♭ E♭/B♭ B♭ E♭ B♭/D Cm B♭ A♭ E♭/G Fm E♭/B♭ B♭
f
91
mf
천 사 들 의 노 래 가 하 늘 에 서 들 리 니
E♭ /D /C /B♭ A♭Δ7 E♭/G Fm9 B♭7 E♭
mf

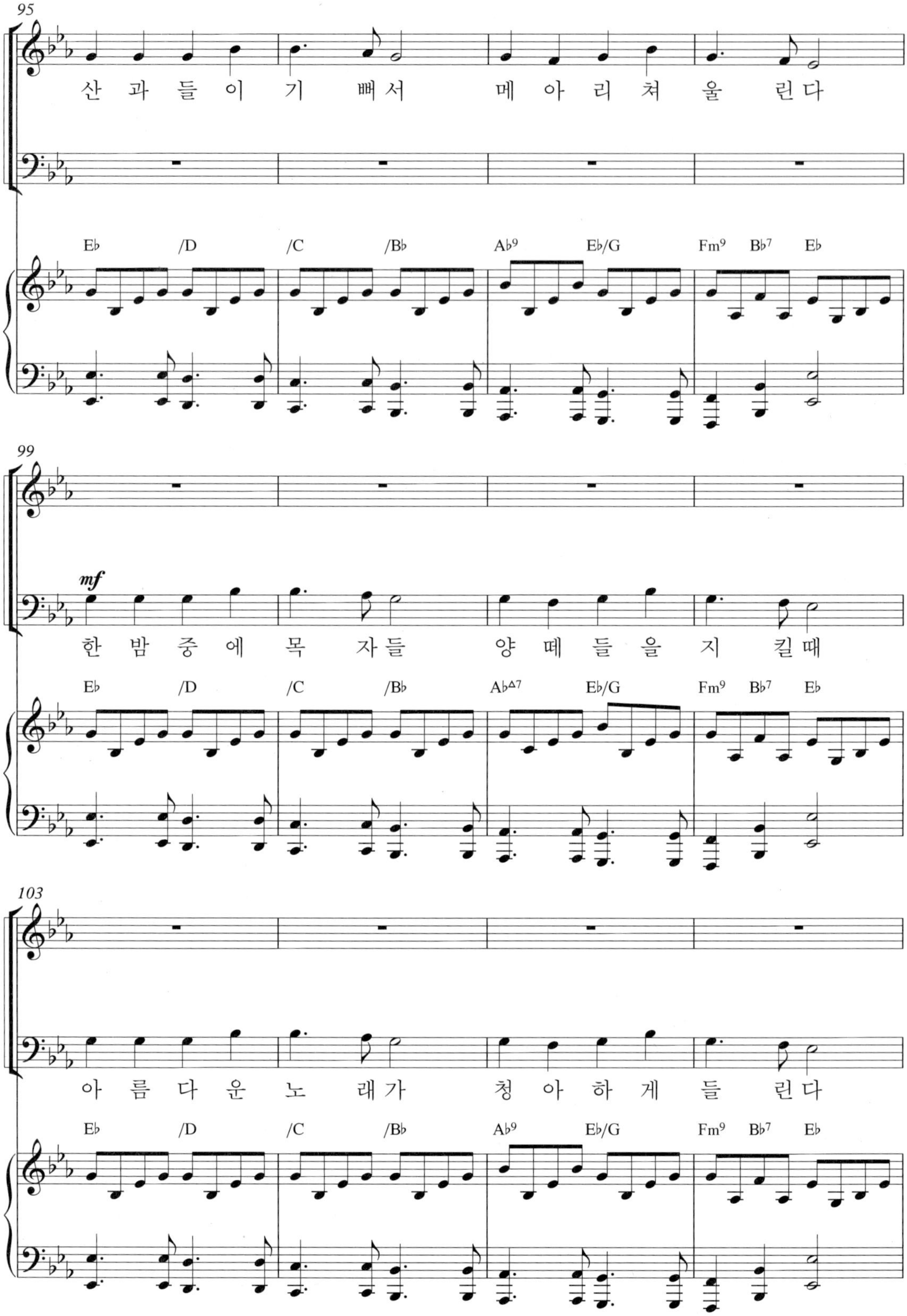
95
산 과 들 이 기 뻐 서 메 아 리 쳐 울 린 다
E♭ /D /C /B♭ A♭9 E♭/G Fm9 B♭7 E♭
99
mf
한 밤 중 에 목 자 들 양 떼 들 을 지 킬 때
E♭ /D /C /B♭ A♭△7 E♭/G Fm9 B♭7 E♭
103
아 름 다 운 노 래 가 청 아 하 게 들 린 다
E♭ /D /C /B♭ A♭9 E♭/G Fm9 B♭7 E♭

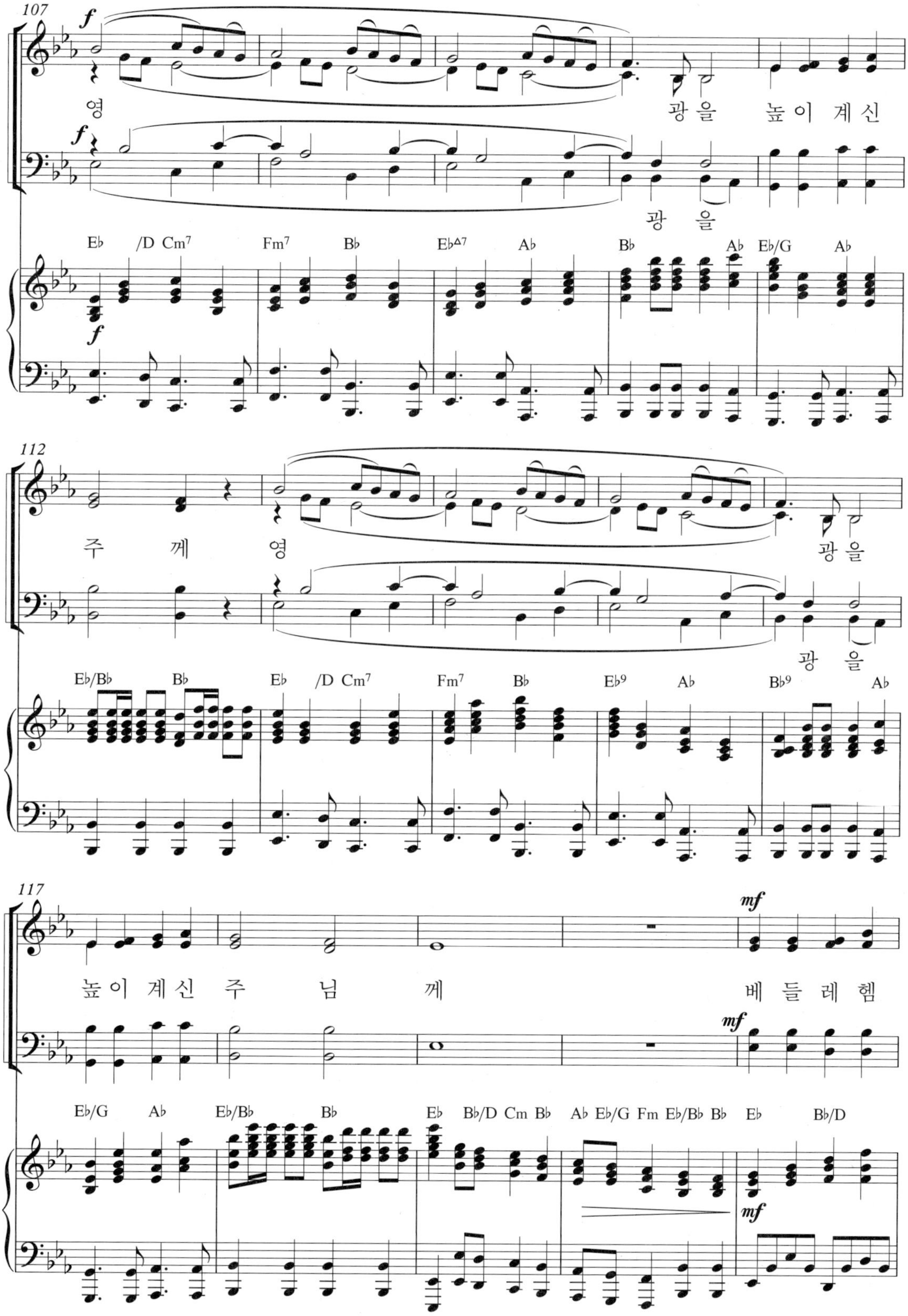
107
f
영 광을 높이 계신
광 을
Eb /D Cm7 Fm7 Bb Eb△7 Ab Bb Ab Eb/G Ab
112
주 께 영 광을
광 을
Eb/Bb Bb Eb /D Cm7 Fm7 Bb Eb9 Ab Bb9 Ab
117
mf
높이 계신 주 님 께 베 들 레 헴
Eb/G Ab Eb/Bb Bb Eb Bb/D Cm Bb Ab Eb/G Fm Eb/Bb Bb Eb Bb/D

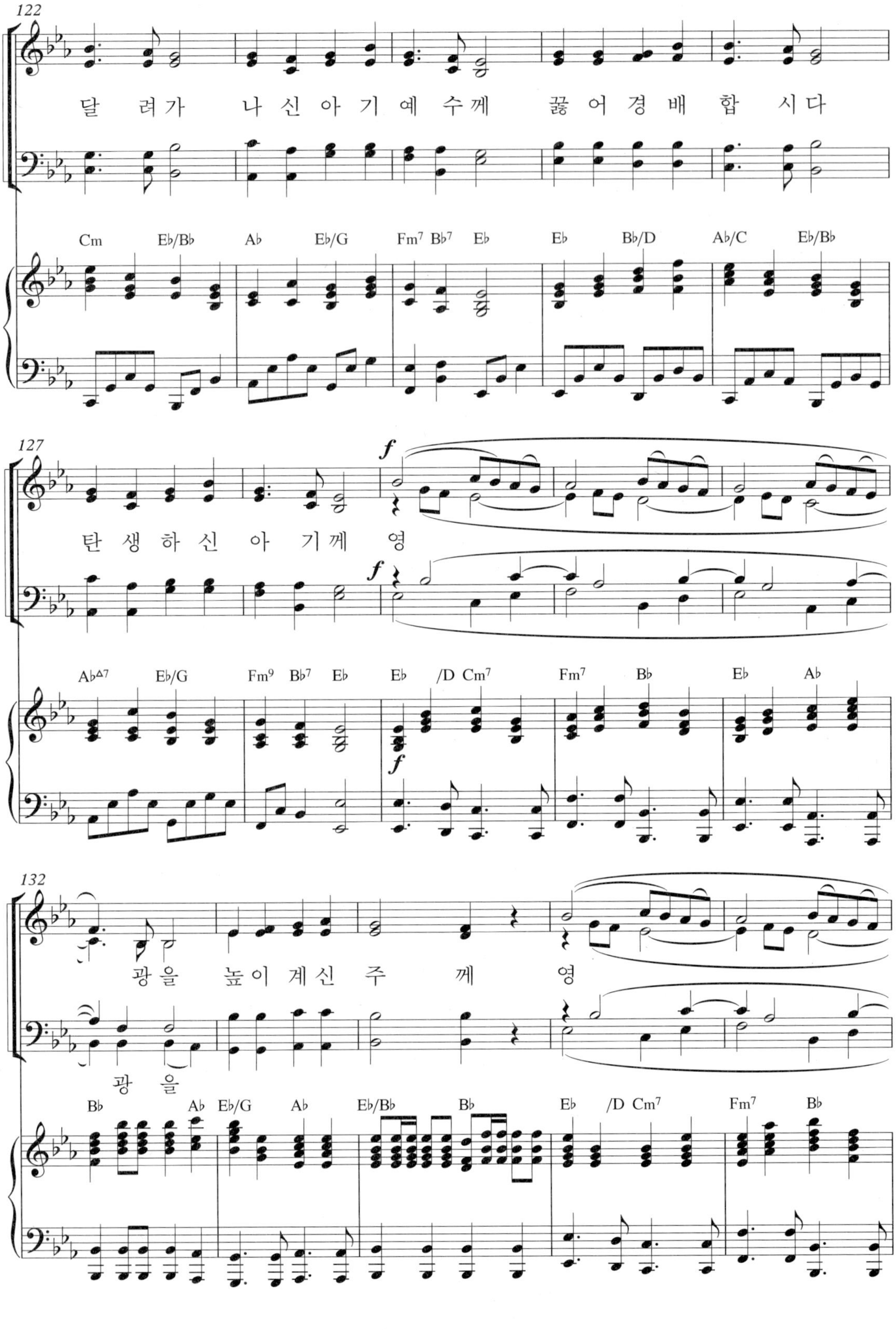
122
달 려가 나 신 아 기 예 수께 꿇 어 경 배 합 시 다
Cm Eb/Bb Ab Eb/G Fm7 Bb7 Eb Eb Bb/D Ab/C Eb/Bb
127
f
탄 생 하 신 아 기께 영
AbΔ7 Eb/G Fm9 Bb7 Eb Eb /D Cm7 Fm7 Bb Eb Ab
132
광 을 높 이 계 신 주 께 영
광 을
Bb Ab Eb/G Ab Eb/Bb Bb Eb /D Cm7 Fm7 Bb

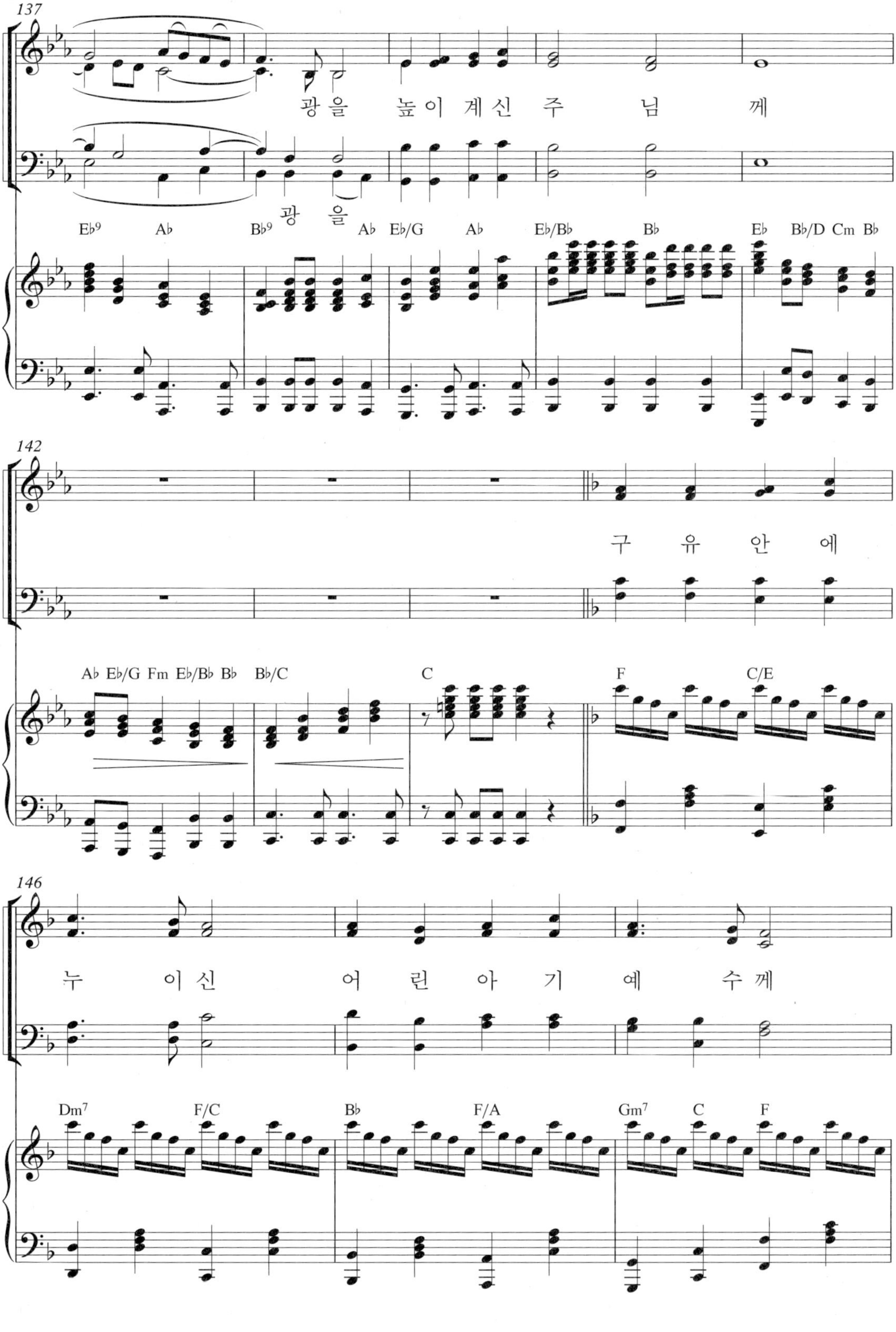
137
광을 높이 계신 주 님 께
광 을
E♭9 A♭ B♭9 A♭ E♭/G A♭ E♭/B♭ B♭ E♭ B♭/D Cm B♭
142
구 유 안 에
A♭ E♭/G Fm E♭/B♭ B♭ B♭/C C F C/E
146
누 이신 어 린 아 기 예 수 께
Dm7 F/C B♭ F/A Gm7 C F

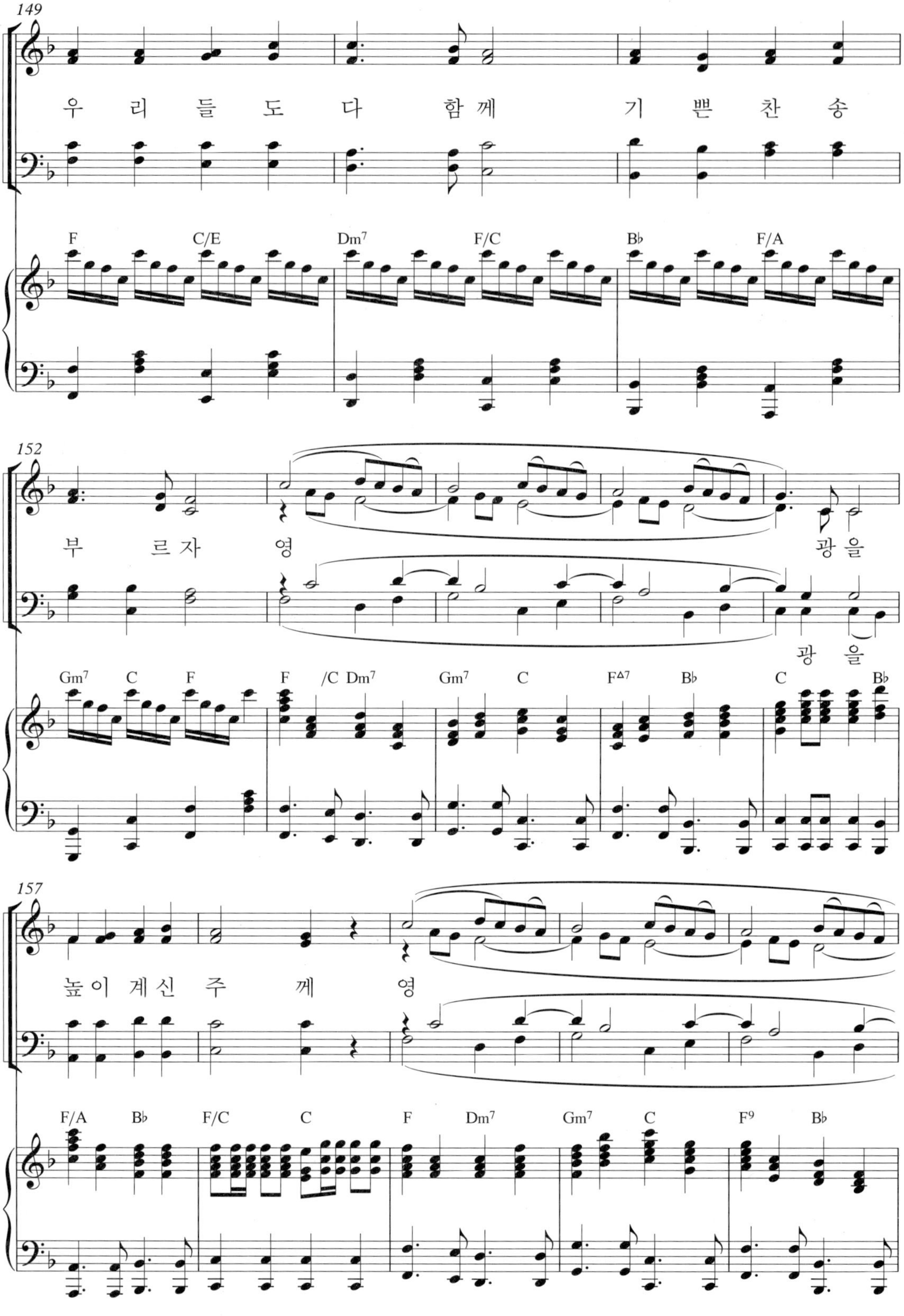
149
우 리 들 도 다 함 께 기 쁜 찬 송
F C/E Dm7 F/C B♭ F/A
152
부 르 자 영 광 을
광 을
Gm7 C F F /C Dm7 Gm7 C F∆7 B♭ C B♭
157
높 이 계 신 주 께 영
F/A B♭ F/C C F Dm7 Gm7 C F9 B♭

사랑의 왕, 천사들의 노래가 | 회중찬양

사랑의 왕, 천사들의 노래가 | 회중찬양

사랑의 왕, 천사들의 노래가 | 회중찬양

예수 열방의 소망

경배의 찬양

Arr. by 임호

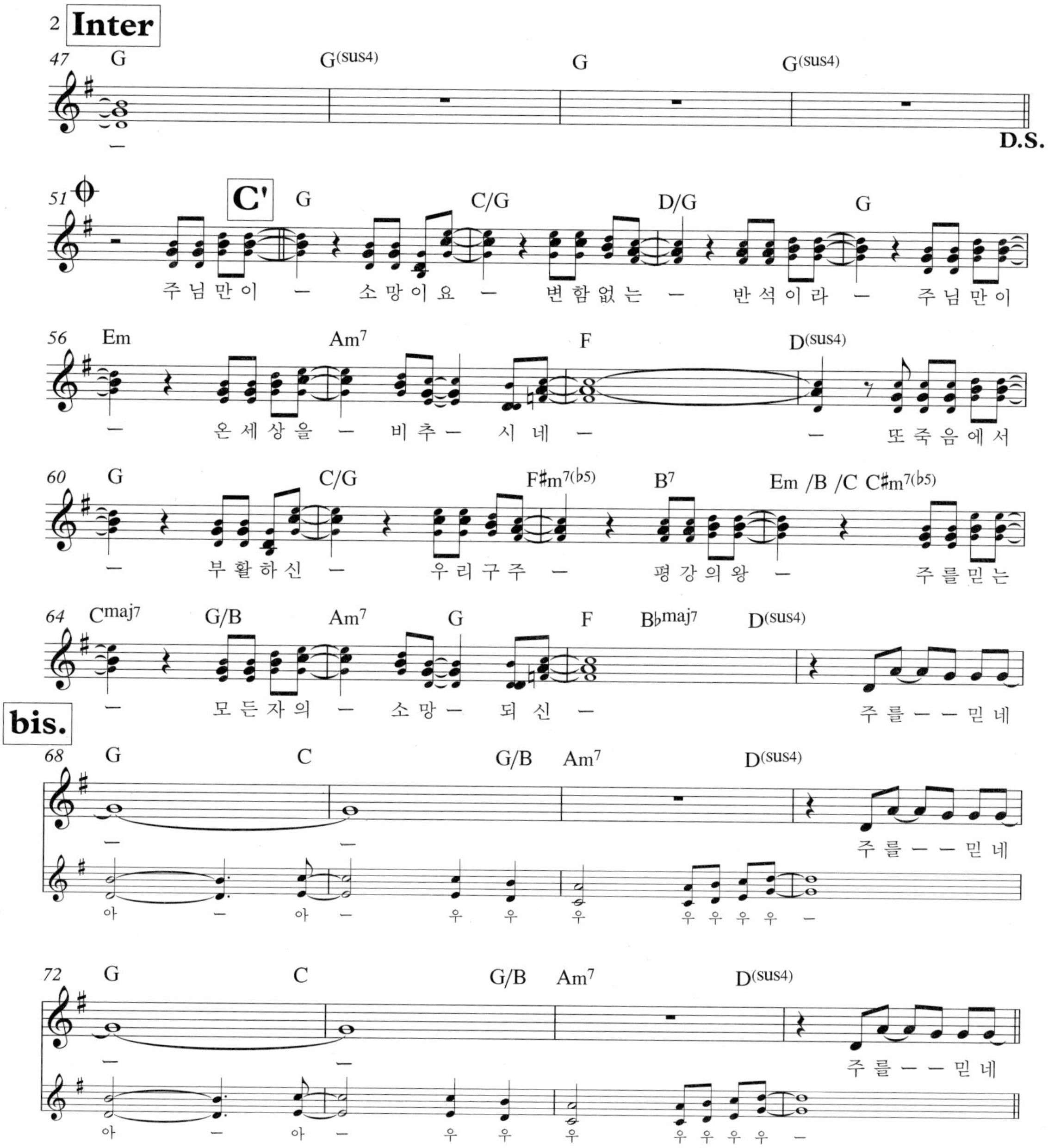

(다음마디에서 곧바로
다음곡(살아계신주)로 연결)

살아계신 주

경배의 찬양

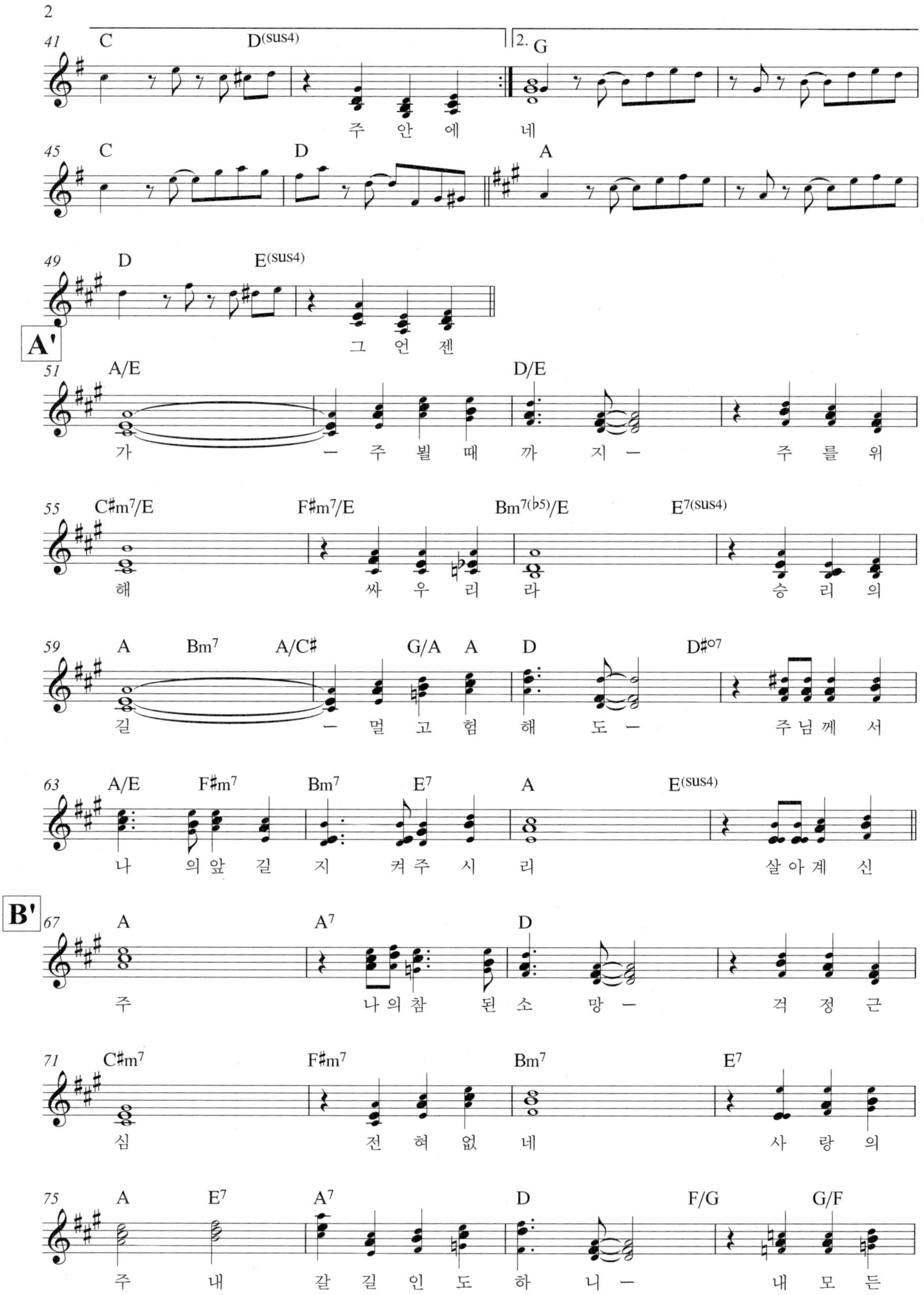
2
C D(sus4) 2. G
주 안 에 네
C D A
D E(sus4)
그 언 젠
A'
A/E D/E
가 — 주 뵐 때 까 지 — 주 를 위
C♯m7/E F♯m7/E Bm7(♭5)/E E7(sus4)
해 싸 우 리 라 승 리 의
A Bm7 A/C♯ G/A A D D♯°7
길 — 멀 고 험 해 도 — 주 님 께 서
A/E F♯m7 Bm7 E7 A E(sus4)
나 의 앞 길 지 켜 주 시 리 살 아 계 신
B'
A A7 D
주 나 의 참 된 소 망 — 걱 정 근
C♯m7 F♯m7 Bm7 E7
심 전 혀 없 네 사 랑 의
A E7 A7 D F/G G/F
주 내 갈 길 인 도 하 니 — 내 모 든

살아계신 주 | 경배찬양

참 반가운 성도여

송영 - 찬양대

원곡 새찬송가 122장
편곡 김성현, 이은아

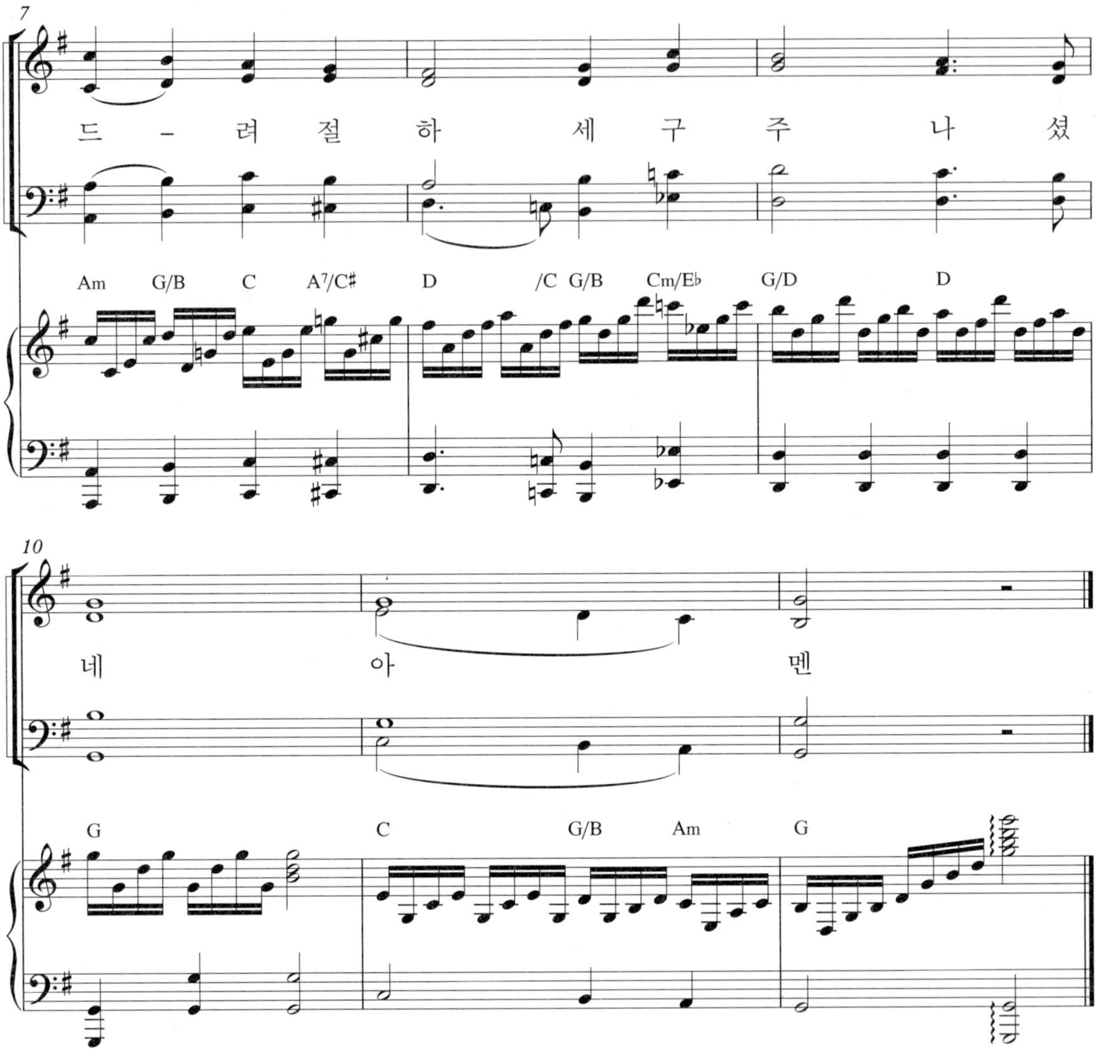
7
드 - 려 절 하 세 구 주 나 셨
Am G/B C A7/C♯ D /C G/B Cm/E♭ G/D D
10
네 아 멘
G C G/B Am G

03

Lecture 03 예배찬양사역팀의 중요성
- 천사 찬송하기를
- 저 들밖에 한 밤중에

Lecture 03

예배찬양사역팀의 중요성

권광은 교수 _ 서울장신대학교 예배찬양사역대학원

1. 예배찬양사역팀의 정의

'예배찬양사역팀'은 무엇보다 '예배'를 위한 사역팀이다. 다른 말로 좀 더 명확히 설명한다면 '예배' 즉 '예배자가 하나님의 계시에 대해 반응하는 것'을 돕는 사역팀을 의미하는 것이다. 많은 예배사역팀들이 예배에서 팀 본연의 목적을 잃어 버리고 사역의 목적이 왜곡되거나 심지어는 변질되어 온 것에 대해 무감각해져 온 것을 자각하지 못함으로 그 본래의 목적과 역할에서 벗어난 것을 우리는 많이 발견해 왔다. 예배찬양사역팀이 무엇인지 그 본래의 목적의 첫 번째는 '예배'를 섬기는 사역팀이라면, 그 두 번째는 '예배찬양'을 통해 섬기는 사역팀이라는 것이다. '예배찬양'의 용어가 최근에 와서는 '경배와 찬양' 또는 '현대적 예배찬양'으로 축소된 의미로 이해하는 경향이 있어 왔다. 그러나, 원래의 '예배찬양'은 예배에서 사용되어지는 모든 예배의 회중찬양과 음악(전통성가, 찬송가, 현대에배찬양 등) 모두를 지칭하는 것이다. 그러므로 예배찬양사역팀은 우리가 이해하는 단어로 지칭한다면 찬양대, 피아노, 오르간, 오케스트라, 찬양팀(찬양인도자와 보컬, 밴드 연주자들) 등 이 모두를 함께 지칭하는 용어가 될 것이다.

2. 예배찬양사역팀의 역할

예배찬양사역팀의 역할은 그레그 시어의 "예배음악은 하나님을 찬양하기 위한 특별한 목적을 지닌 음악"[5]을 정의한 것에서 알 수 있듯이 하나님을 찬양하기 위한 특별한 목적을 가지고 있다. 가장 중요한 역할은 예배에서 직접 연주하고 찬양해서 회중들이 하나님을 찬양하도록 돕는 것이 다. 이렇게 '예배찬양사역팀'의 역할에 대해 다시 명확히 정의하는 이유는 예배찬양사역팀이 왜 존재하는지? 그리고 그 목적을 위해 어떻게 동역해야 하는지?를 설명하기 위함이다.

---

5) 그레그 시어, 「아트오브워십」(서울: 예수전도단, 2006), 12.

3. 예배찬양사역팀의 동역(Team Work)

예배찬양사역팀은 예배를 위해 섬기는 많은 다른 사역팀들의 동역이 있어야만 가능하다. 그것은 단순한 기능으로 음향, 조명, 예술과 미디어 등 다른 역할의 팀들과 분리되어 기능할 수 없듯이 찬양대와 찬양팀은 반드시 동역할 필요가 있다.

"우리는 어떤 종류의 음악이 주변 세상에 더 호소력이 있는지를 묻는 대신에 무엇이 우리를 하나님의 말씀에 가장 깊이 잠길 수 있게 하는지를 물어야 한다. 무엇이 말씀을 가장 잘 표현하는가? 무엇이 말씀의 아름다움과 신비, 말씀의 무한함과 풍성함을 전달할 수 있는가?"[6]

예배영성학자인 마르바 던의 이 고백은 예배찬양사역팀의 음악적 배경이 무엇이든 전통적 역할이 무엇이며 어떻게 그 역할이 변화되어 지고 있던지 간에 예배찬양사역팀(찬양대와 찬양팀)은 "하나님의 말씀과 은혜에 깊이 잠길 수" 있게 하기위해 그 역할을 다하기 위해 동역하여야 함을 이해시켜주고 있다. 20년 전만 하더라도 한국교회의 예배는 찬송가를 사용한 회중찬송과 찬양대를 중심으로 한 예배찬양이 중심이였다. 21세기에 들어오며 한국교회 대부분의 교회 예배는 그 정도의 차이는 있겠지만 예배에서 이전의 전통적 예배찬양과 현대적 예배찬양이 공존할 수 밖에 없는 것이 현실이다. 예배를 온전히 '하나님의 계시와 우리의 반응'으로 성공하려면 우리는 예배찬양의 다양성을 이해하고 이제는 받아들여야 할 것이다.

예배찬양사역팀의 올바른 협력과 동역을 위해서 먼저는 교회 목회자들, 각 영역의 리더들 안에서 이에 대한 동의가 반드시 전제되어야 가능할 것이다. 리더들의 이해는 각 그룹의 멤버들에게도 그 이해가 확장될 수 있기 때문이다. 두 번째로 예배찬양사역팀의 동역을 위해서는 효율적 소통과 역할의 구분이 필요할 것이다. 이를 위해서는 교회 예배를 큰 그림으로 계획하고 각 그룹 간의 정보를 소통하며 그 역할을 점검하며 책임지는 역할인 예배감독(Worship Director)와 같은 역할이 있는 것이 옳을 것이다. 찬양대와 찬양팀 간의 대화와 소통도 전체 예배를 이해하고 이끌어 가는 리더를 통해서 더 효율적으로 가능할 것이다. 교회의 규모와 봉사인력의 규모에 따라 가능하다면 예배찬양사역팀을 모두 아우르는 음악감독(Music Director)을 두는 것도 효과적인 동역을 위해 반드시 필요할 것이다. 예배에서의 관습적 예배찬양의 역할과 모습도 탈피할 필요가 있다. 찬양대의 역할이 회중을 대표한 공연식 찬양뿐만이 아니라 회중찬양의 역할을 하거나, 찬양팀의 역할도 회중찬양에 국한되지 않고 찬양대

6) 마르바 던, 「고귀한 시간'낭비'-예배」(서울: 이레서원, 1999), 23-24.

의 찬양과 함께하거나 연결된 찬양의 시간을 가지는 것 같은 진정한 '예배'를 섬기는 '예배를 예배되게 하는 것' 등으로 동역하는 예배찬양사역팀사역이 가능할 것이다.

예배는 시작부터 마침까지 자연스럽게 연결된 하나의 거대한 이야기와 같다. 이야기의 주인공은 하나님이시고 그 주인공을 예배자들이 만나고 그 분의 이야기를 듣고 우리는 반응하게 되는 사건이다. 이러한 감격적 사건의 흐름 안에서 음악의 장르와 구분된 역할 때문에 찬양대와 찬양팀이 단절되고 어떨때는 충돌하는 모습을 보여줄 수는 없기 때문이다.

예배에 참여한 예배자들이 함께 연합한 예배찬양사역팀을 통해 하나님을 깊이 느끼고 만나며 그 만남을 통해 의지와 감정 그리고 삶으로 반응하는 예배를 함께 사역하기를 소원한다.

[나눔을 위한 질문]

1. 예배찬양사역이 중요한 이유는 무엇인가?

2. 나는 예배찬양사역팀의 일원으로 좋은 팀웍을 위해 어떤 노력이 필요하다고 생각되는가?

권광은

종합문화선교 찬미 창단 및 찬미선교단, 기획 전담 Staff로 사역하다 영국London Reformed Baptist Seminary에서 Sabbatical Course(Diploma)를 영국Wesley College, University of Bristol에서 Theology & Ministry(M.A.)를 수학하고 귀국, 서울장신대학교 예배찬양사역대학원을 Build-Up하였으며 현재 서울장신대학교 예배찬양사역대학원 대학원장으로 재직중이다.

천사 찬송하기를

회중찬양

원곡 새찬송가 126장
편곡 김성현, 이은아

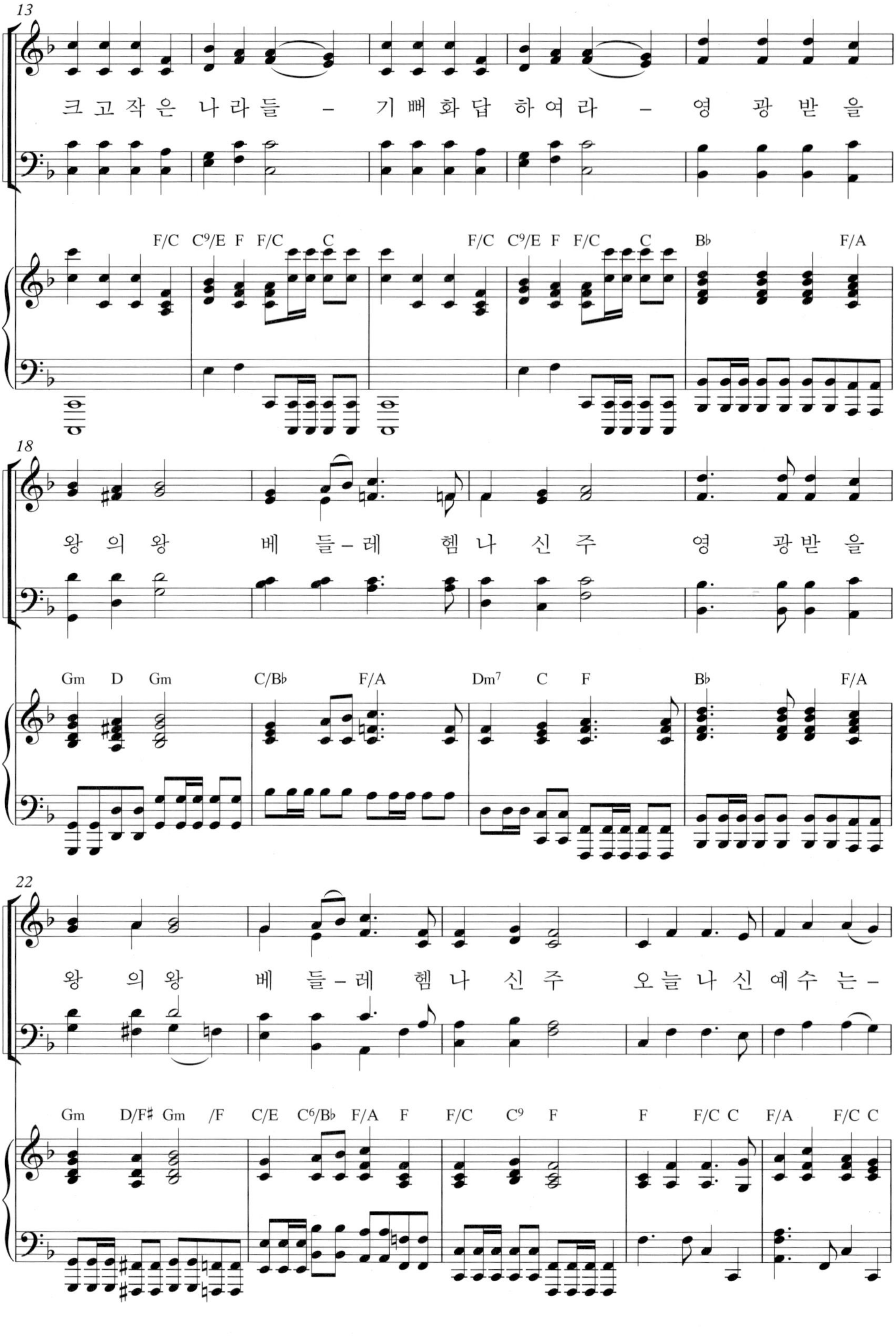
13
F/C C9/E F F/C C F/C C9/E F F/C C B♭ F/A
크 고 작 은 나 라 들 – 기 뻐 화 답 하 여 라 – 영 광 받 을
18
Gm D Gm C/B♭ F/A Dm7 C F B♭ F/A
왕 의 왕 베 들 – 레 헴 나 신 주 영 광 받 을
22
Gm D/F♯ Gm /F C/E C6/B♭ F/A F F/C C9 F F F/C C F/A F/C C
왕 의 왕 베 들 – 레 헴 나 신 주 오 늘 나 신 예 수 는 –

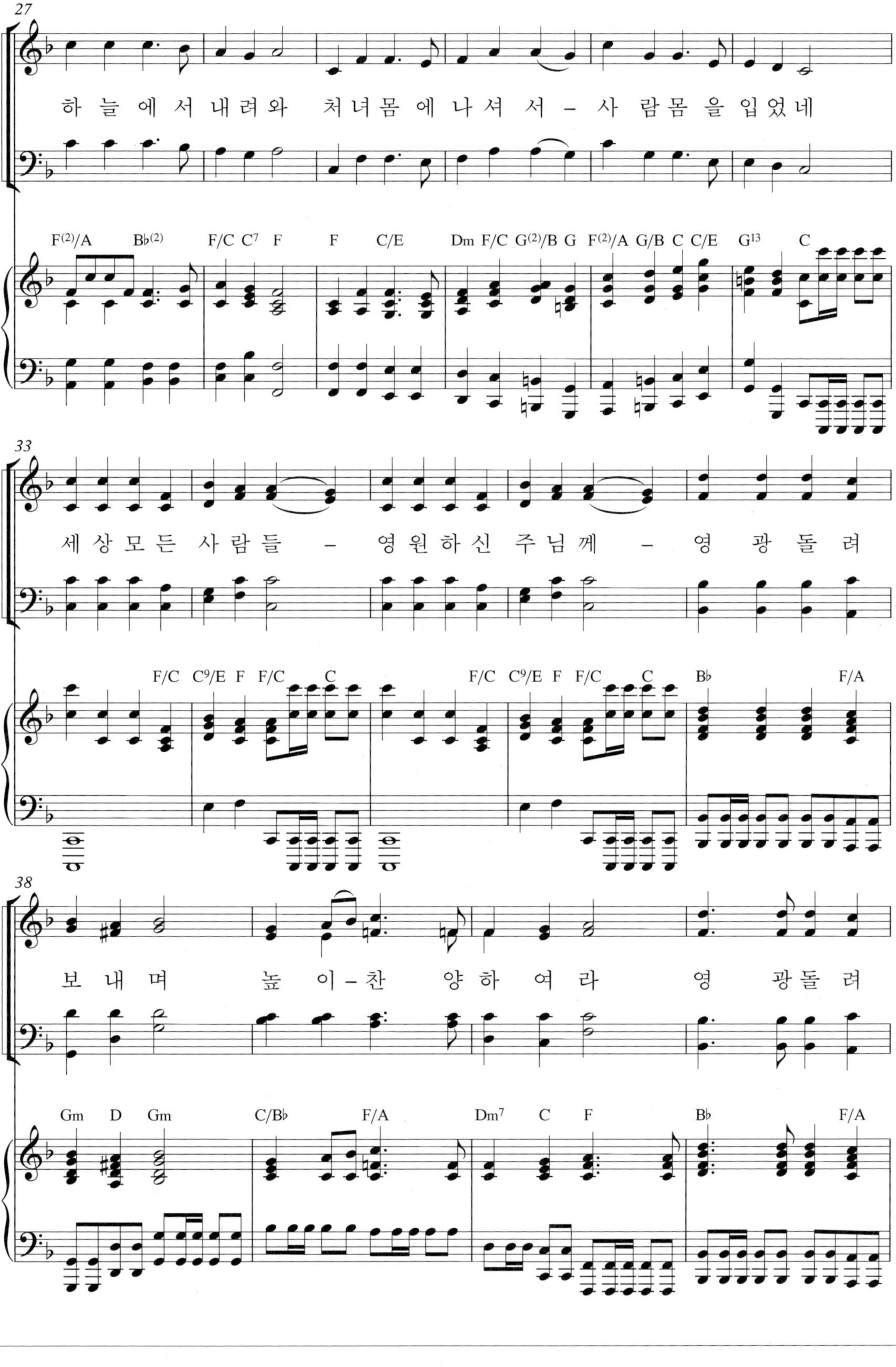
27
하 늘 에 서 내 려 와 처 녀 몸 에 나 셔 서 – 사 람 몸 을 입 었 네
F(2)/A B♭(2) F/C C7 F F C/E Dm F/C G(2)/B G F(2)/A G/B C C/E G13 C
33
세 상 모 든 사 람 들 – 영 원 하 신 주 님 께 – 영 광 돌 려
F/C C9/E F F/C C F/C C9/E F F/C C B♭ F/A
38
보 내 며 높 이 – 찬 양 하 여 라 영 광 돌 려
Gm D Gm C/B♭ F/A Dm7 C F B♭ F/A

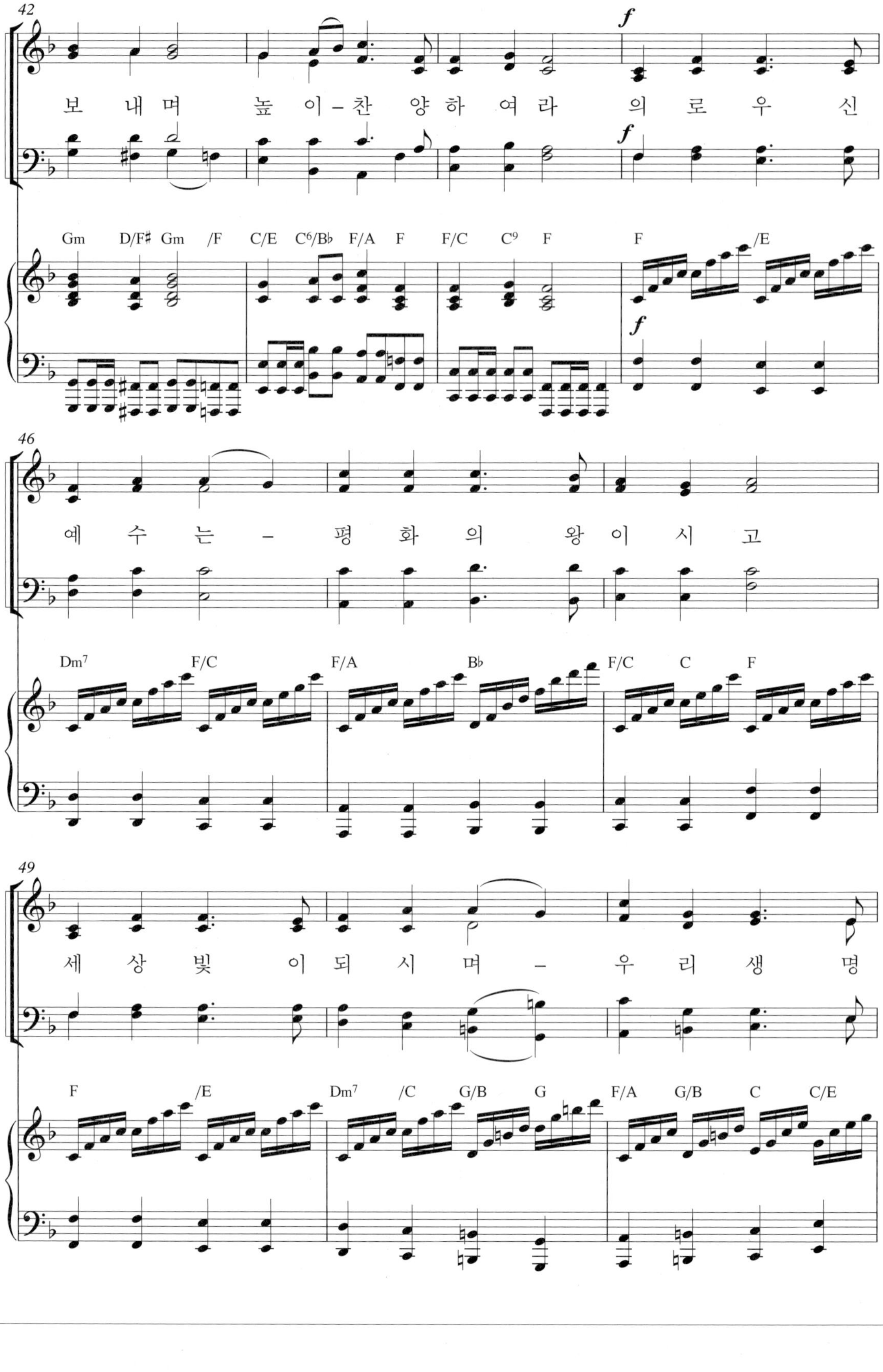
42
보 내 며 높 이 – 찬 양 하 여 라 의 로 우 신
Gm D/F♯ Gm /F C/E C6/B♭ F/A F F/C C9 F F /E
46
예 수 는 – 평 화 의 왕 이 시 고
Dm7 F/C F/A B♭ F/C C F
49
세 상 빛 이 되 시 며 – 우 리 생 명
F /E Dm7 /C G/B G F/A G/B C C/E

천사 찬송하기를 | 회중찬양

천사 찬송하기를 | 회중찬양

천사 찬송하기를 | 회중찬양

저 들밖에 한 밤중에

송영 - 찬양대(기도송)

원곡 새찬송가 123장
편곡 김성현, 이은아

저 들밖에 한 밤중에 | 송영 - 찬양대(기도송)

04

Lecture 04 블랜디드워십의 이해
- 예수 그리스도의 탄생, 우리의 소망!
- 이 몸의 소망 무언가, 살아계신 주

Lecture 04

블랜디드워십의 이해

안덕원 교수 _ 횃불트리니티 신학대학원대학교 교수

　블랜디드 워십은 신학적으로는 크게 두 가지 물줄기의 합류라고 보는 것이 보편적인 견해다. 첫 번째 물줄기는 20세기에 이루어진 예전갱신운동이다.[7] 예전갱신운동은 예전과 전통을 중시하고 성찬을 회복시키는 등의 공헌을 했다. 더 나아가 공동체성의 회복이라던가 자국어 사용 등에 있어서도 역사적인 역할이 크다. 초대교회예전의 회복을 통해 보편적교회가 보유해야할 기준을 제시했다는 측면에서 그 신학적 가치는 무시할 수 없다고 생각한다. 그러나 김순환은 예전회복운동이 많은 교회들에게 도전과 자극이 된 것은 인정하면서도 새로운 문화적 현실에 맞는 다양한 예전들의 등장이 현대에 있어서 오히려 두드러진다고 평가한다.[8]

　여기서 두 번째 물줄기인 소위 카리스마적 갱신운동(charismatic renewal movement)의 등장을 눈여겨 볼 필요가 있다. 1970년대 미국의 호프채플, 갈보리 채플, 빈야드 등으로 대변되는 뉴패러다임 교회운동이 태동했고 1980년대를 넘어 새들백과 윌로우 크릭(Willow Creek Community Church)이라는 새로운 형태의 교회들이 등장한다. 열린예배 혹은 구도자예배(seeker service)는 기독교의 영향이 점차 감소되는 시대에 살고 있는 이들에게 복음을 감성적이며 문화적으로 전달하고자 노력했다. 거부감 없이 예배에 접근하여 기독교의 메시지와 문화를 접하고, 시청각적 자료를 활용하며, 어두웠던 분위기를 탈피하여 축제로서의 예배를 회복했다. 웨버는 이러한 두 가지 경향을 역사적 예배(historical worship)과 현대적 예배(contemporary worship)로 나누어 설명한 바 있고, 토마스 롱(Thomas Long)은 이러한 두 물줄기사이의 갈등을 히폴리투스와 윌로우 크릭사이의 "예배 전쟁"이라고 원색적인 용어로 표현하기도 했다. 즉 전통의 회복에 있어서 하나의 전형으로 인식하는 로마 감독 히폴리투스의 『사도전승』(주후 215년)과 윌로우 크릭을 대비시켜 설명한 것이다. 수많은 예배학자들은 각자의 전통에 따라 이 둘 사이 어딘가에 자리를 잡고 둘 사이의 화해와 배려를 자기 나름의 시각에서 분석하고 평가한다. 블랜디드 워십은 바로 그러한 신학적 예전적 다양성 속에서 조화와 공존을 위한 하나의 소중한 이정표로 제시된 것이다.

---

7) 로버트 웨버(Robert E. Webber, 1933-2007)의 학문적 공헌이 지대하다. 그의 저서가 여전히 고전으로 인정받고 있다. Robert E. Webber, Blended Worship: Achieving Substance and Relevance in Worship (Hendrickson Publishers. 1996)

8) 김순환, 『예배학 총론』(서울: 대한기독교서회, 2012), 7. 이머징 예배, 유기적 예배 등의 등장도 눈여겨 보아야할 부분이다

블랜디드 워십의 신학적 정의와 의미

블랜디드 워십은 많은 예배학자들 뿐 만 아니라 일선 목회자들, 예배를 기획하는 이들에게 예배에 대한 새로운 안목을 제공하고 그들을 이전 보다 폭넓은 대화의 장으로 초대하였다. 소위 예전과 상징, 그리고 예술을 강조하는 전통적인 교회는 블랜디드 워십의 영향으로 보다 비형식적이며 개방적인 자세로 성도들의 참여를 독려하게 되었고, 현대적이며 비예전적교회들은 교회의 역사와 전통의 가치에 대하여 귀를 기울이게 되었다. 물론 모든 교회들이 블랜디드 워십이 주장하는 긍정적인 공존의 대열에 적극적으로 참여한 것은 아니다. 기본적으로 예배공동체가 가지고 있는 그들만의 전통에 다른 요소들이 섞이는 것에 대한 거부감이 그 이유일 것이다. 블랜디드 워십은 단순한 "섞음"으로 합체나 변종을 생산하는 것이 아니라 조화와 균형을 이루고자 하는 신학적 기반을 가지고 있다. 여기서 필자가 자주 사용하는 블랜디드 워십의 정의를 인용해본다.

블랜디드 워십은 역사적, 전통적, 현대적, 그리고 세계적인 예배의 표현들을 융합하고 지역적, 세대적인 한계를 뛰어넘어 성도들에게 연합된 참여의 기회를 부여하고 격려함으로써 하나님께 영광을 돌리는 목적을 가지고 다양한 찬양의 모자이크를 만들어내는 것이다.[9]

위의 정의에 의하면 블랜디드 워십은 역사, 전통, 문화, 지역을 아우르는 통섭적 예배라고 볼 수 있다. 그러나 역사와 전통 속에서 예배의 원형을 찾는 일종의 복고주의나 과거에 대한 신학적인 연구와 검증만으로 바람직한 예배를 성취했다고 말하기는 어렵다.[10] 구도자 중심의 예배 역시 보편적 적용에 있어서 어려움이 있기는 마찬가지다. 예배공동체 마다 그들 나름의 독특한 문화적 배경을 가지고 있기 때문이다. 따라서 우리에게는 융합의 모범으로 삼을 만한 신학적, 예전적 기준이 필요하다. 쉬메만(Schmemann)이나 맥스웰 존슨(Maxwell Johnson)과 같은 신학자들은 정형화된 예배의 형식과 전통에 내재된 오르도(ordo, 규범)가 존재한다고 믿었으나 제임스 화이트(James F. White)는 예배의 항구성과 다양성을 문화적 상황의 측면에서 바라보았다.[11] 그에게 있어서 과거의 예전적 전통은 존중해야할 역사임과 동시에 극복해야할 과제다. 이렇듯 수많은 해석의 다양성으로 인해 결국 블랜디드 워십의 절대적인, 유일무이한 신학적 기준은 존재하지 않는다. 다만 우리가 고개를 끄덕이며 동의하고 수용할 수 있는 역사적 전통과 그 결과물들이 존재한다. 예를 들면 세계교회협의회 신앙과 직제 위원회가 1982년 리마에서 발표한 『세례, 성찬, 사역』(리마문서)과 같은 에큐메니컬 문서가 한 예가 될 것이다. 예전의 공통분모를 찾고 그 안에 담겨있는 깊은 신학적 의미들과 예전의 본질적 요소들을 음미하는 것은 성숙한 대화를 위해 반드시 필요한 일이다.

---

9) http://www.calvin.edu/cicw/microsites/worshipsymposiumorg/2008/man_a.pdf

10) 한재동, ""예배갱신"의 내포적 의미와 그 실현범위," 「신학과 실천」18 (2009), 18-19. 한재동은 기독교예전의 전통에 대하여 무조건적으로 절대적 가치를 부여하는 것의 문제점을 예리하게 지적했다.

11) 박종환, 『예배미학』(서울: 동연, 2014)

한재동은 성경, 세례, 성찬감사, 중보기도, 그리고 종말적 모임(교제)를 예배의 본질적 요소로 제시한다.[12] 여기서 우리는 예배의 "본질적 요소"라는 신학적 개념을 주의 깊게 볼 필요가 있다. "예배의 순서"라는 표현보다 훨씬 더 광범위하다. 예를 들어 "세례"라는 "본질적 요소"는 과거에도 있었고, 현재에도 거행되고 있으며, 미래에도 존재할 것이다. 그러나 하나의 예배 순서로서의 세례는 그 형식에 있어서 얼마든지 다양성을 가질 수 있다. 여기에 블랜디드 워십의 신학적 전제가 담긴다. 블랜디드 워십은 단순히 옛날에 있었던 "순서"와 오늘 발견되는 "순서"를 그릇에 담아 뒤섞는 것이 아니라 바로 "본질적 요소"에 담긴 신앙의 고백을 공유하되 그 형식에 있어서 개방성을 갖는 것이다. 즉 블랜디드 워십은 과거와 현재와 미래를 꿰뚫는 하나님의 역사를 증언하는 목표를 갖고 문화와 끊임없이 대화하며 만들어가는 속성을 지닌다. 앞서 인용한 대로 하나님께 영광을 돌린다는 불변의 원칙을 따라 각각의 조각들이 제 모습을 잃지 않는 모자이크를 만들어내는 일이 바로 블랜디드 워십의 궁극적 목표라고 할 수 있겠다. 따라서 구지 가장 가까운 신학적 개념을 찾는다면 블랜디드 워십은 창의적 재해석(creative reinterpretation), 본질을 추구하는 상황화(contexualization), 나아가 성육신화된 예전(Incarnated liturgy)이라고 정의할 수 있을 것이다.

블랜디드 워십의 예전적 기준과 적용

앞서 제기한 예배의 본질적 요소에 구체적으로 다음과 같은 도구적 형식(instrumental forms)이 더해질 수 있을 것이다. 첫째, 예배의 사중구조의 공유이다. 사중구조의 경우 하나님 앞으로 나옴(예배에의 부름)-말씀-감사(봉헌과 성만찬 등)-파송이라는 형식을 통해 하나님의 구원의 이야기를 예배 안에 담아냈다. 두 번째로 하나님의 사역(은혜)와 인간의 사역(응답)이라는 기본적인 예배정의의 회복이다. 즉 하나님의 구원사가 분명하게 다루어져야한다. 세 번째 형식에 있어서의 다양한 활용이다. 이 다양성은 나이, 문화, 지역, 언어 등 여러 가지 변수를 갖는다. 네 번째, 오감을 사용하도록 하는 배려, 그리고 이와 관련된 예배에서의 예술과 상징의 회복이다. 웨버는 한걸음 더 나아가 예배안에서 구원 이야기의 발단, 전개, 위기, 절정, 결말을 포함하는 일종의 대본 혹은 구조(Plot)를 가지라고 주장한다. 이러한 신학적 조언들은 자칫 블랜디드 워십이 야기하는 어색한 동거, 혹은 신학적 토대와 역사적 형식이 결여된 예배를 만들지 않기 위해 제시된 일종의 지침이라고 할 수 있겠다.

옛것이 소중하다 하여 무조건적인 복고주의를 추구하는 것은 신학적으로 타당치 않다. 몇몇 예배서들에서 그렇게 낭만적인 복고주의에서 벗어나지 못한 경향을 발견한다. 단순한 혼합에 치중하는 경향도 목격한다. 가장 비근한 예가 성가대와 찬양팀,

---

9) http://www.calvin.edu/cicw/microsites/worshipsymposiumorg/2008/man_a.pdf

10) 한재동, ""예배갱신"의 내포적 의미와 그 실현범위," 「신학과 실천」18 (2009), 18-19. 한재동은 기독교예전의 전통에 대하여 무조건적으로 절대적 가치를 부여하는 것의 문제점을 예리하게 지적했다.

12) 같은 글, 50-54. 필자는 여기에 예배공동체의 문화도 고려대상에 넣어야한다는 입장이다.

고전악기와 현대악기를 사용하는 것이다. 당연하게도 그러한 공존과 조화의 시도는 블랜디드 워십의 가장 대표적인 예이며 모범적인 사례이기도 하다. 그러나 우리는 더 길게 그리고 더 넓게 보아야한다. 예배의 유구한 역사를 보아야하고 치열했던 신학적 논쟁들을 보아야한다. 역사자체나 형식도 중요하지만 역사와 형식에 담긴 하나님의 은혜의 흔적과 신앙의 선조들의 고백을 예배에 담아야한다.

블랜디드 워십은 단순한 혼합이 아니고 통전적인 전통과 시대적 상황의 대화와 병치(juxtaposition)의 복합적인 결과물이어야 한다.

더 나아가 블랜디드 워십은 시간적으로 과거와 현재의 만남을 추구할 뿐만 아니라 동시대에 존재하는 색다른 형식들에 대한 배려라는 신학적 기반을 갖는다. 다양성에 대한 세대와 교단사이의 장벽을 뛰어넘는 화해와 존중의 정신이야말로 블랜디드 워십의 목표로서 타당하다. 각자의 선호하는 방식이나 요소보다 하나님과 공동체를 배려하는 개방성이야말로 블랜디드 워십이 갖추어야할 신학적 미덕이다.?

나가는 말

블랜디드 워십은 거의 예전을 절대시하는 환원주의나 새로운 것에 대한 맹목적 추구가 아닌 본질을 회복하고자 하는 개혁(reformation, 원래의 정신과 모습을 회복한다는 의미)을 목표로 한다. 다양한 요소들의 무조건적 혼합이 아닌 역사와 전통을 통해 발견하는 본질적 요소에 대해 치밀하게 고민하고 검토하면서 그 신학적 토대위에 아름다운 공존의 모자이크를 추구하는 것이다.

따라서 블랜디드 워십은 여전히 진행 중이며(on-going process) 지속적으로 재창조되는 예배다. 모든 신학적 작업들이 역사를 통해 끊임없이 재해석되고 재평가되어온 것처럼.

> [나눔을 위한 질문]
>
> 1. 1. 블랜디드 워십이 생겨난 이유는 무엇인가?
>
> 2. 우리 교회(부서)는 블랜디드워십을 어떻게 적용 할 수 있을까?

안덕원

서울신학대학교에서 신학을, 서강대학교에서 종교학을 공부했으며 미국의 드루(Drew)대학교에서 석사(M.Div,1997)를 마치고 같은 학교에서 기독교 예전을 전공하여 박사(Ph.D,2004)학위를 취득했다. 이후 드루대학교에서 풀타임 교수로 4년 동안 예배와 설교를 가르쳤으며 뉴욕 한빛교회와 서울 한우리교회에서 영어예배 담당목사로, 뉴저지 시온성교회의 담임목사 로 사역하였으며 2012년부터 횃불트리니티신학대학원 대학교에서 실천신학을 가르치고 있다.

예수 그리스도의 탄생, 우리의 소망

찬양대 찬양

편곡 김성현, 이은아

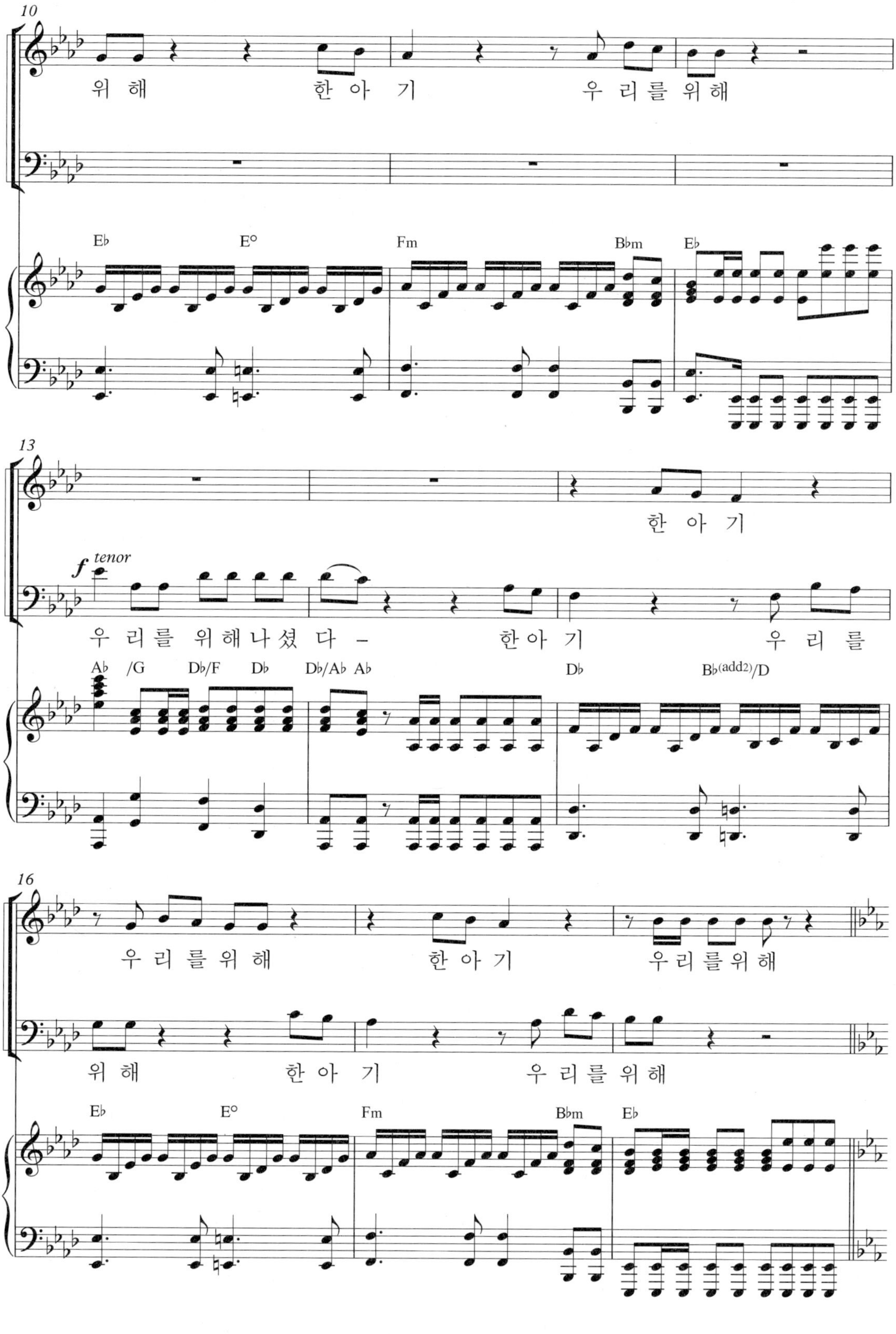
10
위 해 한 아 기 우 리 를 위 해
E♭ E° Fm B♭m E♭
13
tenor
한 아 기
우 리 를 위 해 나 셨 다 – 한 아 기 우 리 를
A♭ /G D♭/F D♭ D♭/A♭ A♭ D♭ B♭(add2)/D
16
우 리 를 위 해 한 아 기 우 리 를 위 해
위 해 한 아 기 우 리 를 위 해
E♭ E° Fm B♭m E♭

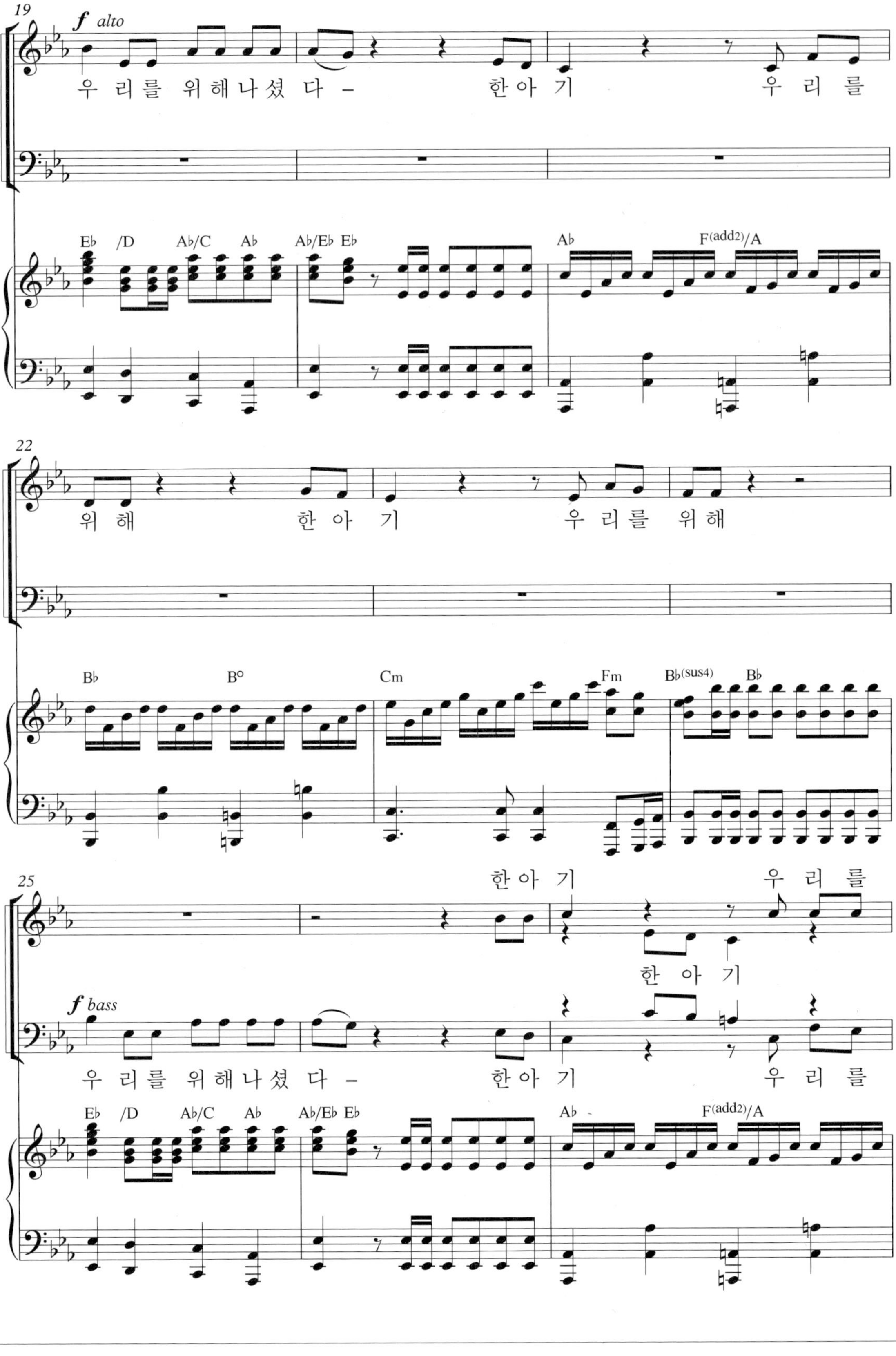
19
f alto
우 리를 위해나셨 다 –
한아 기
우 리 를
Eb /D Ab/C Ab Ab/Eb Eb
Ab F(add2)/A
22
위 해
한 아 기
우 리를 위해
Bb B°
Cm Fm Bb(sus4) Bb
25
한아 기
우 리 를
한 아 기
f bass
우 리를 위해나셨 다 –
한아 기
우 리 를
Eb /D Ab/C Ab Ab/Eb Eb
Ab F(add2)/A

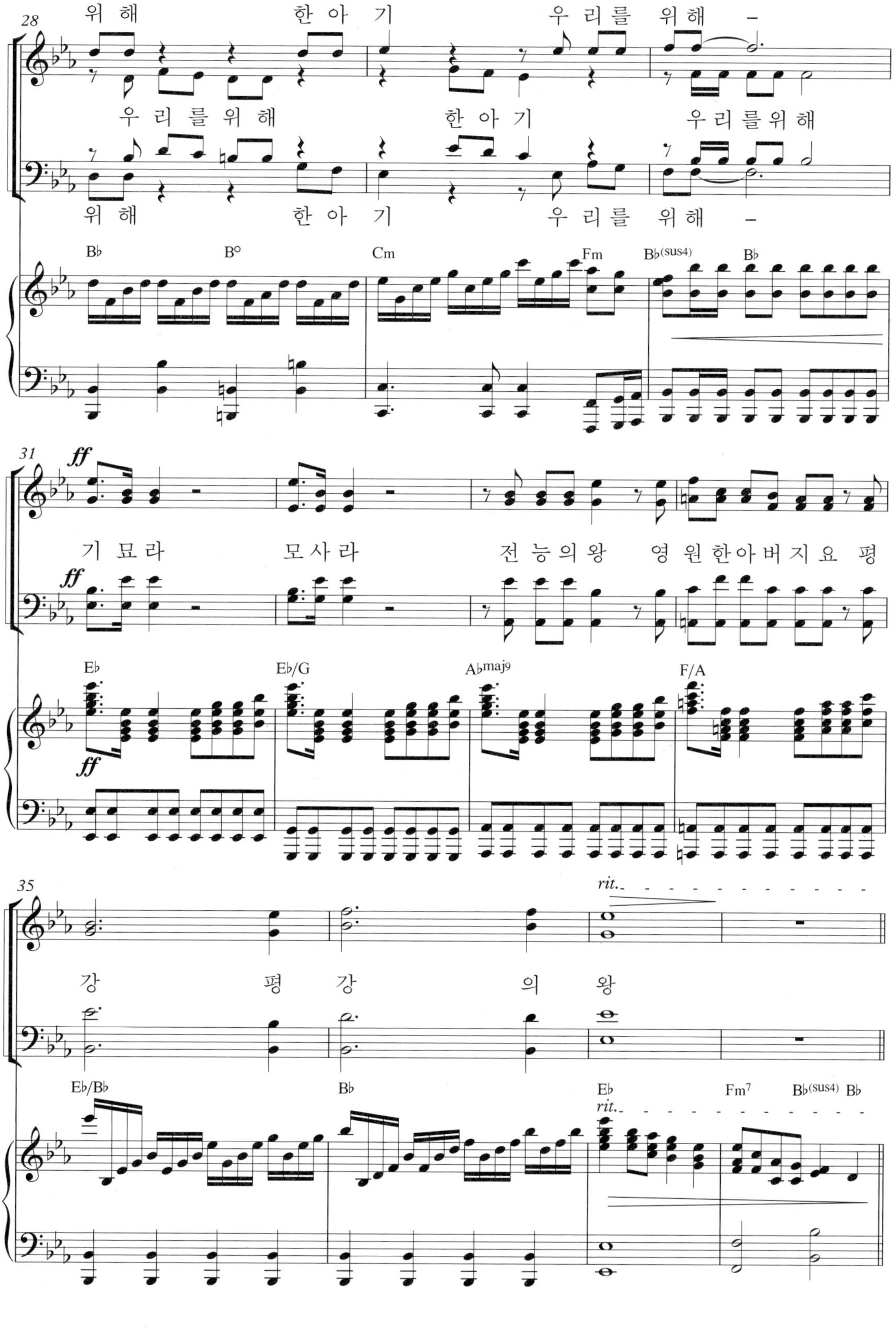
28
위 해 한 아 기 우 리 를 위 해 –
우 리 를 위 해 한 아 기 우 리 를 위 해
위 해 한 아 기 우 리 를 위 해 –
B♭ B° Cm Fm B♭(sus4) B♭
31
ff
기 묘 라 모 사 라 전 능 의 왕 영 원 한 아 버 지 요 평
ff
E♭ E♭/G A♭maj9 F/A
ff
35
rit.
강 평 강 의 왕
E♭/B♭ B♭ E♭ Fm7 B♭(sus4) B♭
rit.

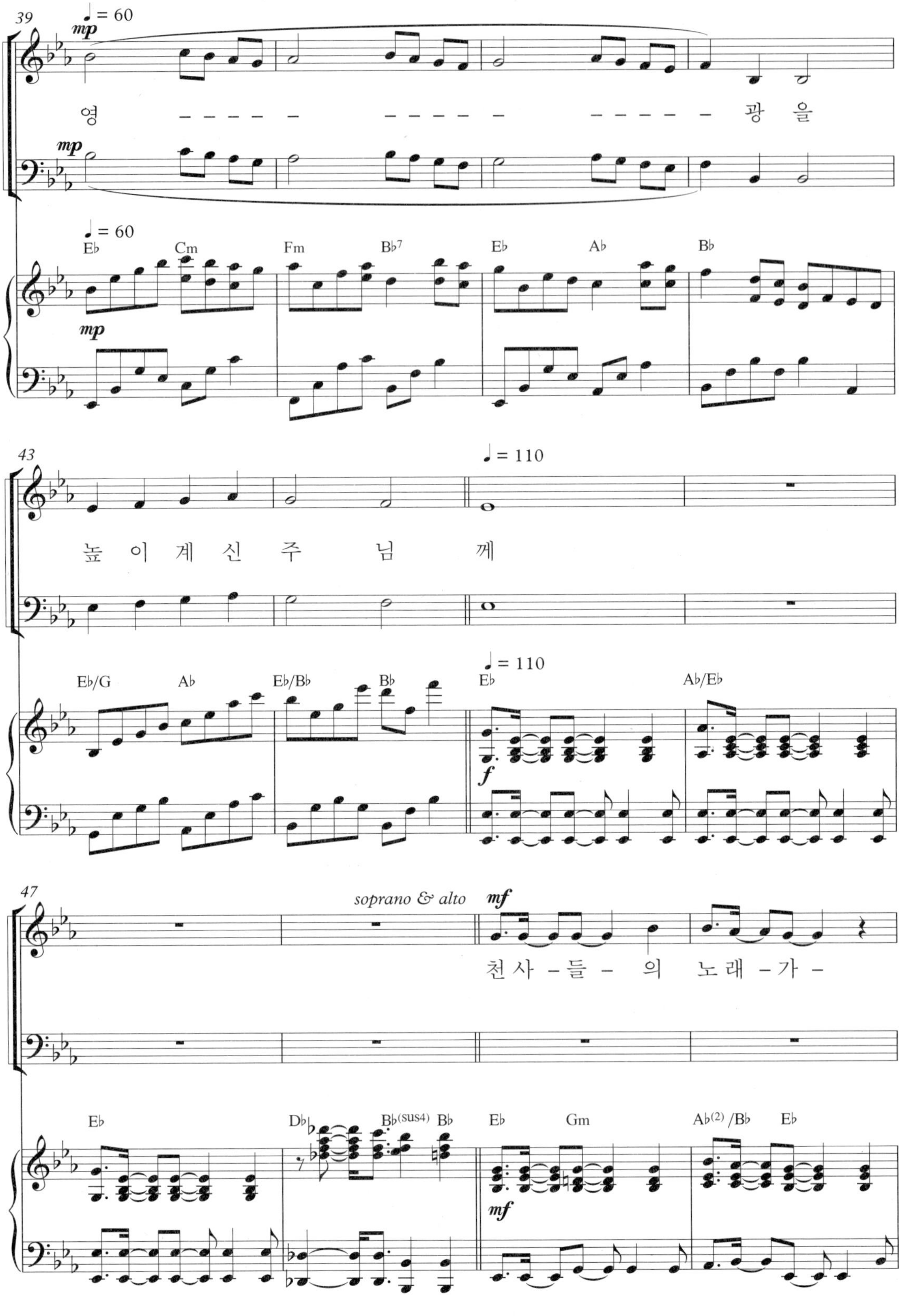
39
♩= 60
mp
영 - - - - - - - - - - - - - - - - - - 광 을
Eb Cm Fm Bb7 Eb Ab Bb
43
♩= 110
높 이 계 신 주 님 께
Eb/G Ab Eb/Bb Bb Eb Ab/Eb
f
47
soprano & alto
mf
천 사 - 들 - 의 노 래 - 가 -
Eb Db Bb(sus4) Bb Eb Gm Ab(2) /Bb Eb

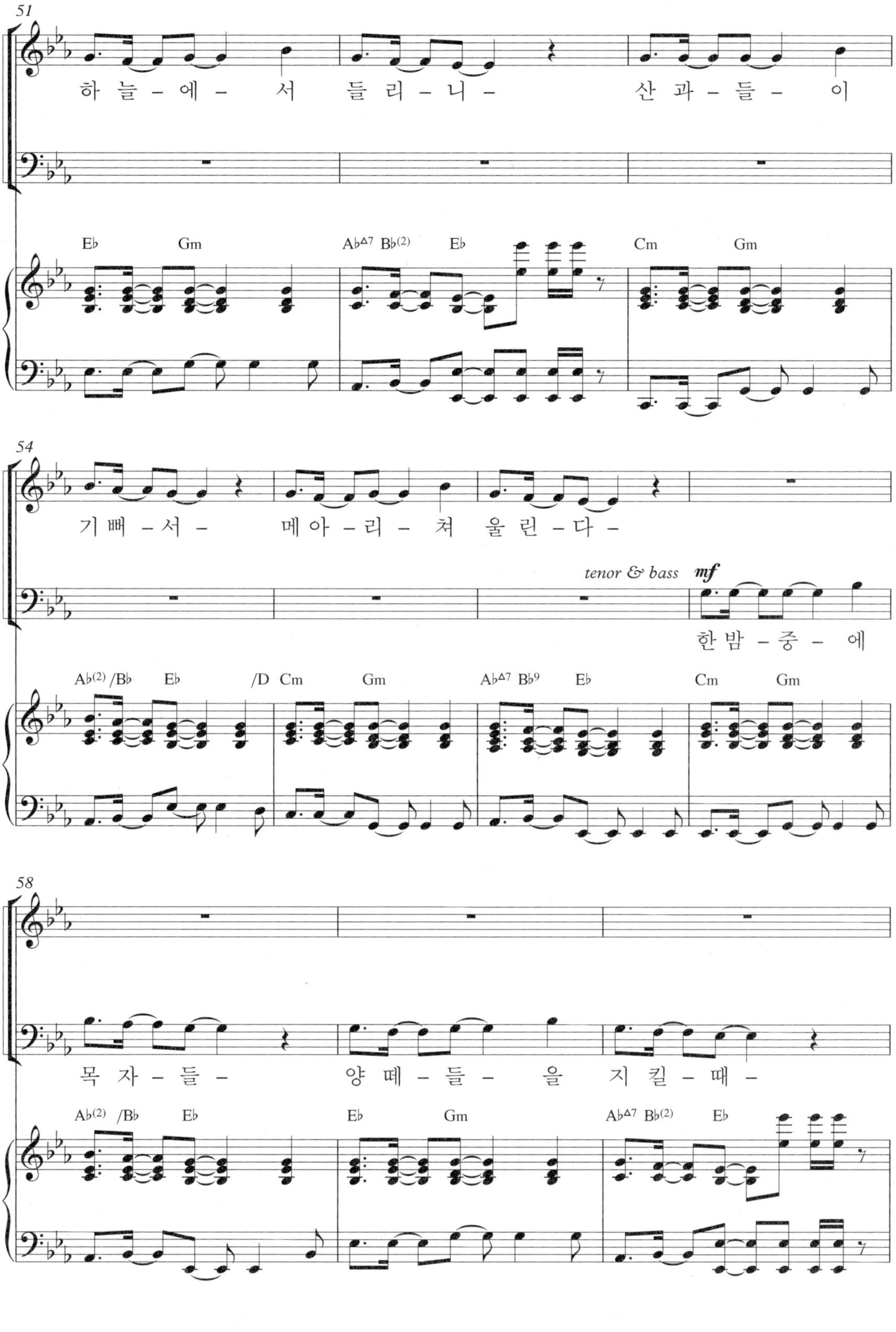
51
하 늘 – 에 – 서 들 리 – 니 – 산 과 – 들 – 이
E♭ Gm A♭△7 B♭(2) E♭ Cm Gm
54
기 뻐 – 서 – 메 아 – 리 – 쳐 울 린 – 다 –
tenor & bass
mf
한 밤 – 중 – 에
A♭(2) /B♭ E♭ /D Cm Gm A♭△7 B♭9 E♭ Cm Gm
58
목 자 – 들 – 양 떼 – 들 – 을 지 킬 – 때 –
A♭(2) /B♭ E♭ E♭ Gm A♭△7 B♭(2) E♭

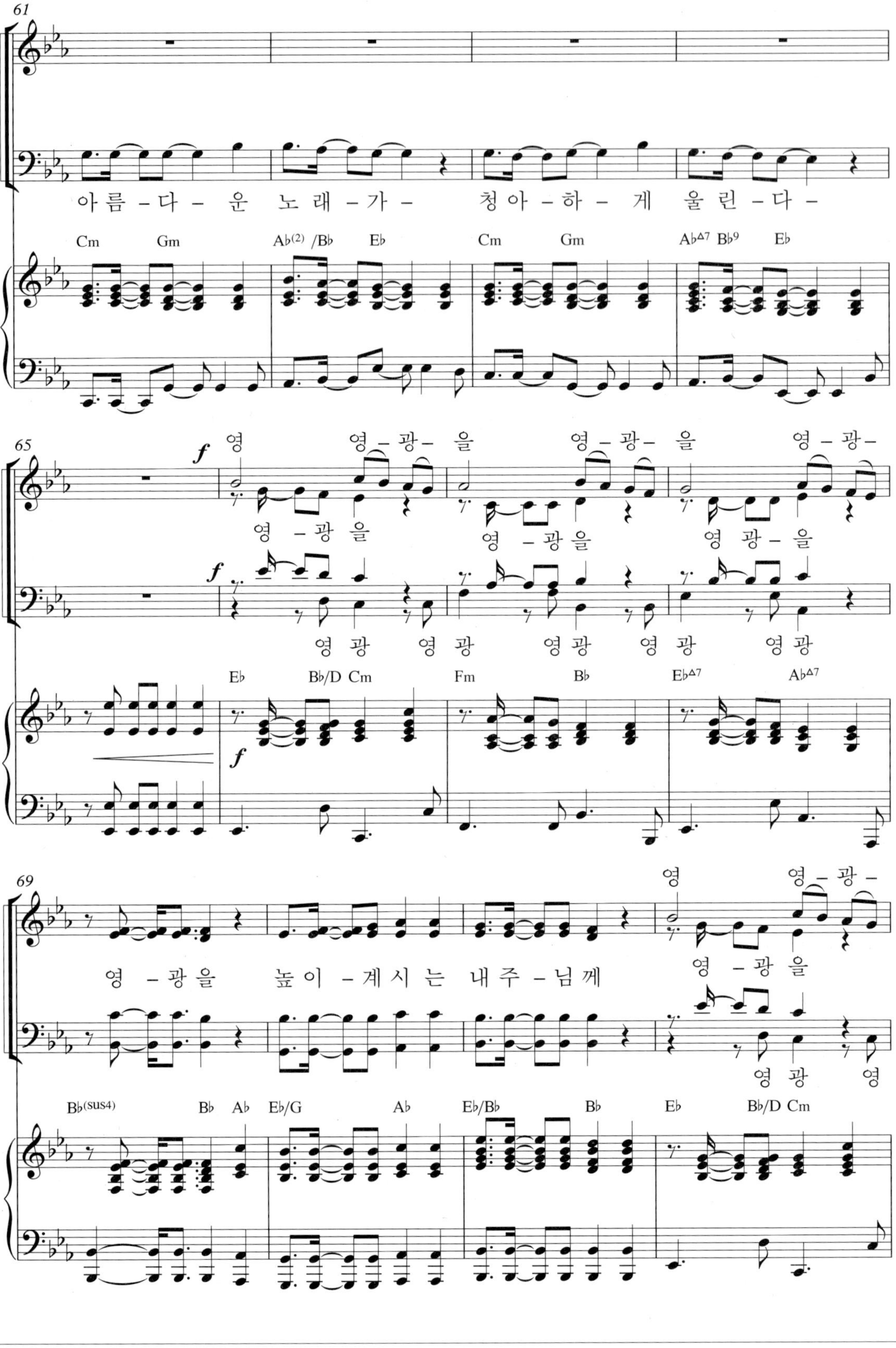
61
아름 - 다 - 운 노래 - 가 - 청아 - 하 - 게 울린 - 다 -
Cm Gm A♭(2)/B♭ E♭ Cm Gm A♭Δ7 B♭9 E♭
65
f
영 영 - 광 - 을 영 - 광 - 을 영 - 광 -
영 - 광을 영 - 광을 영 광 - 을
영 광 영 광 영 광 영 광 영 광
E♭ B♭/D Cm Fm B♭ E♭Δ7 A♭Δ7
69
영 영 - 광 -
영 - 광을 높이 - 계시는 내주 - 님께 영 - 광을
영 광 영
B♭(sus4) B♭ A♭ E♭/G A♭ E♭/B♭ B♭ E♭ B♭/D Cm

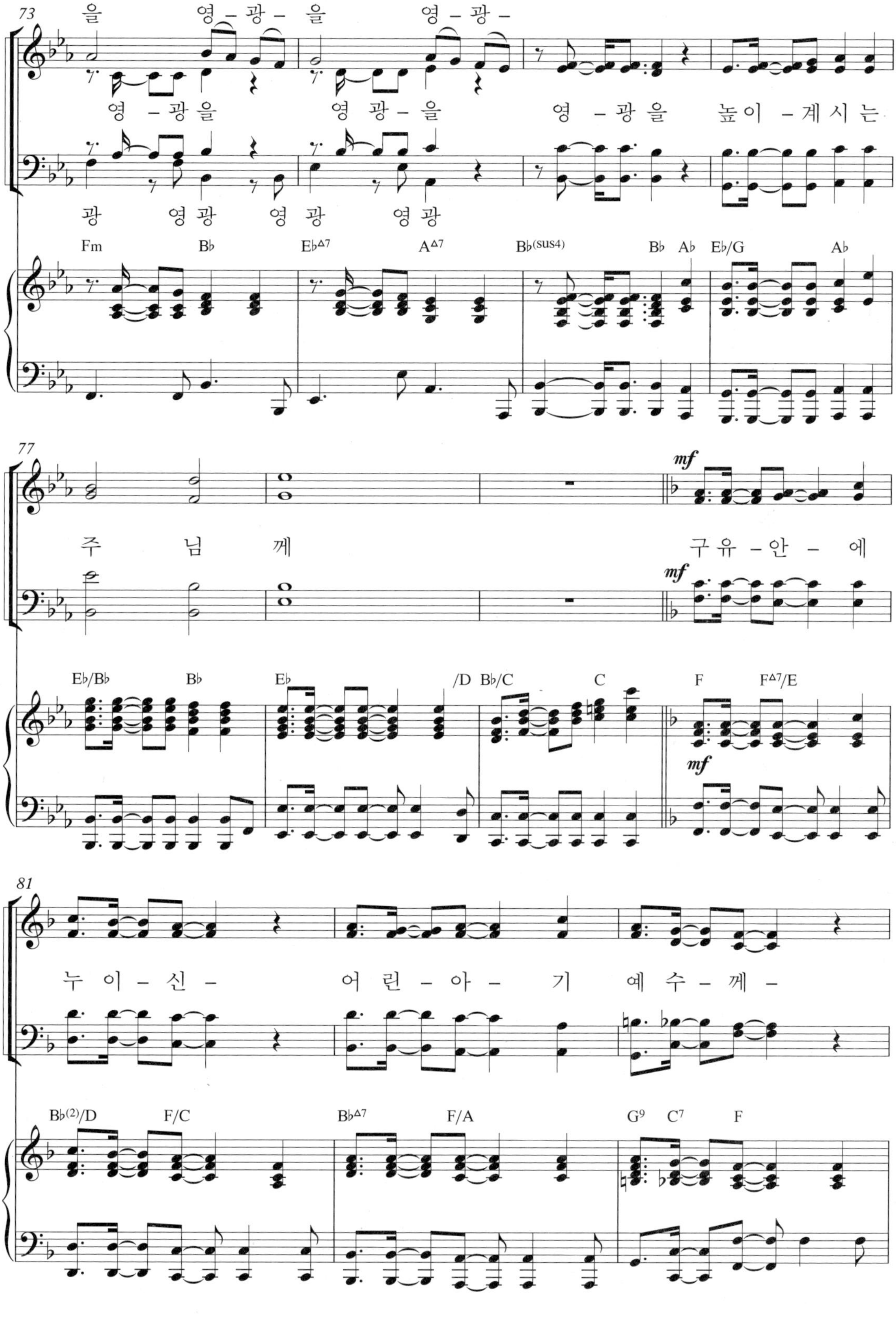
73
을 영 – 광 – 을 영 – 광 –
영 – 광을 영 광 – 을 영 – 광을 높이 – 계시는
광 영광 영 광 영광
Fm B♭ E♭Δ7 AΔ7 B♭(sus4) B♭ A♭ E♭/G A♭
77
mf
주 님 께 구유 – 안 – 에
E♭/B♭ B♭ E♭ /D B♭/C C F FΔ7/E
81
누 이 – 신 – 어 린 – 아 – 기 예 수 – 께 –
B♭(2)/D F/C B♭Δ7 F/A G9 C7 F

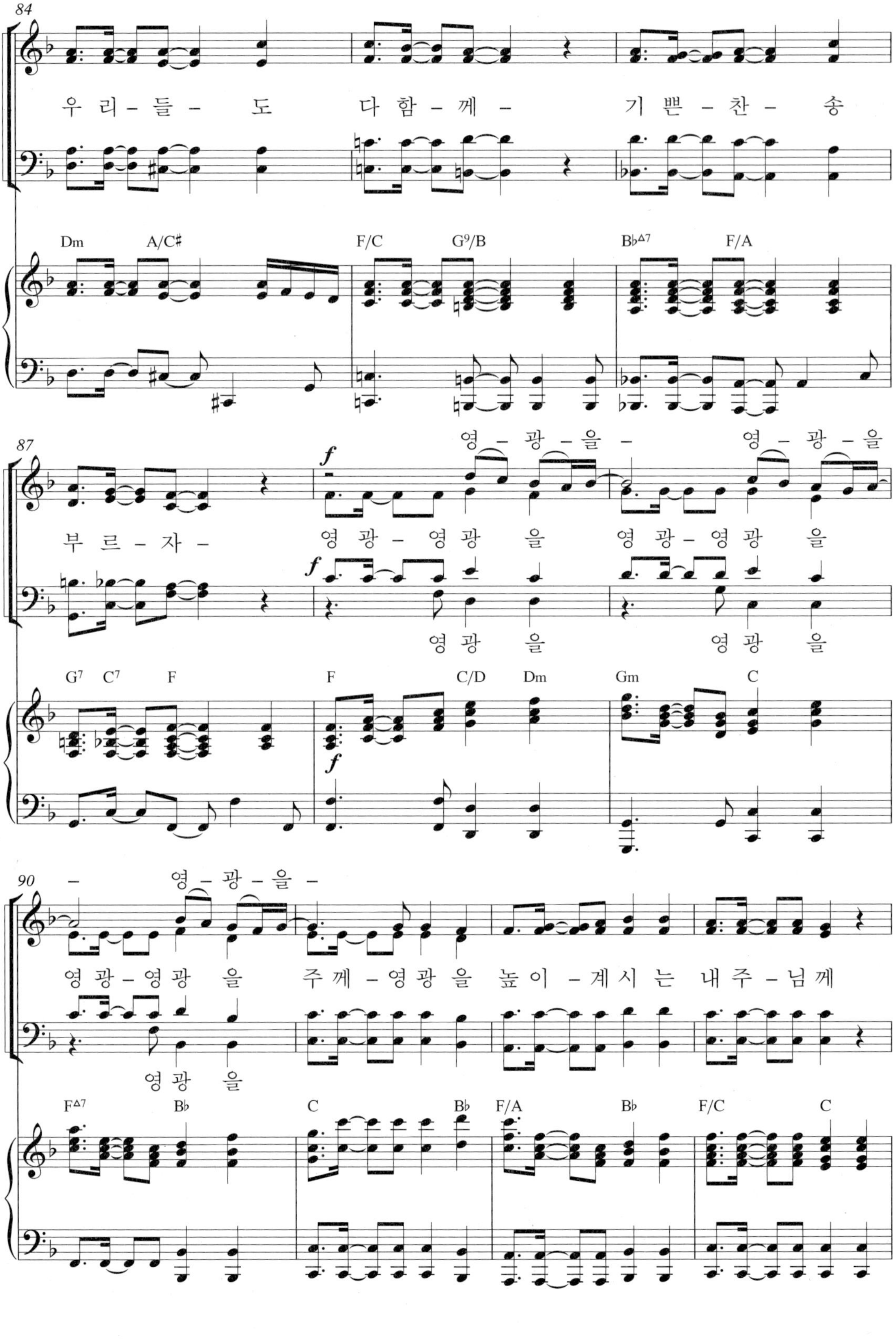
84
우 리 – 들 – 도 다 함 – 께 – 기 쁜 – 찬 – 송
Dm A/C♯ F/C G⁹/B B♭△7 F/A
87
영 – 광 – 을 – 영 – 광 – 을
f
부 르 – 자 – 영 광 – 영 광 을 영 광 – 영 광 을
영 광 을 영 광 을
G⁷ C⁷ F F C/D Dm Gm C
90
– 영 – 광 – 을 –
영 광 – 영 광 을 주 께 – 영 광 을 높 이 – 계 시 는 내 주 – 님 께
영 광 을
F△7 B♭ C B♭ F/A B♭ F/C C

예수 그리스도의 탄생, 우리의 소망 | 찬양대 찬양

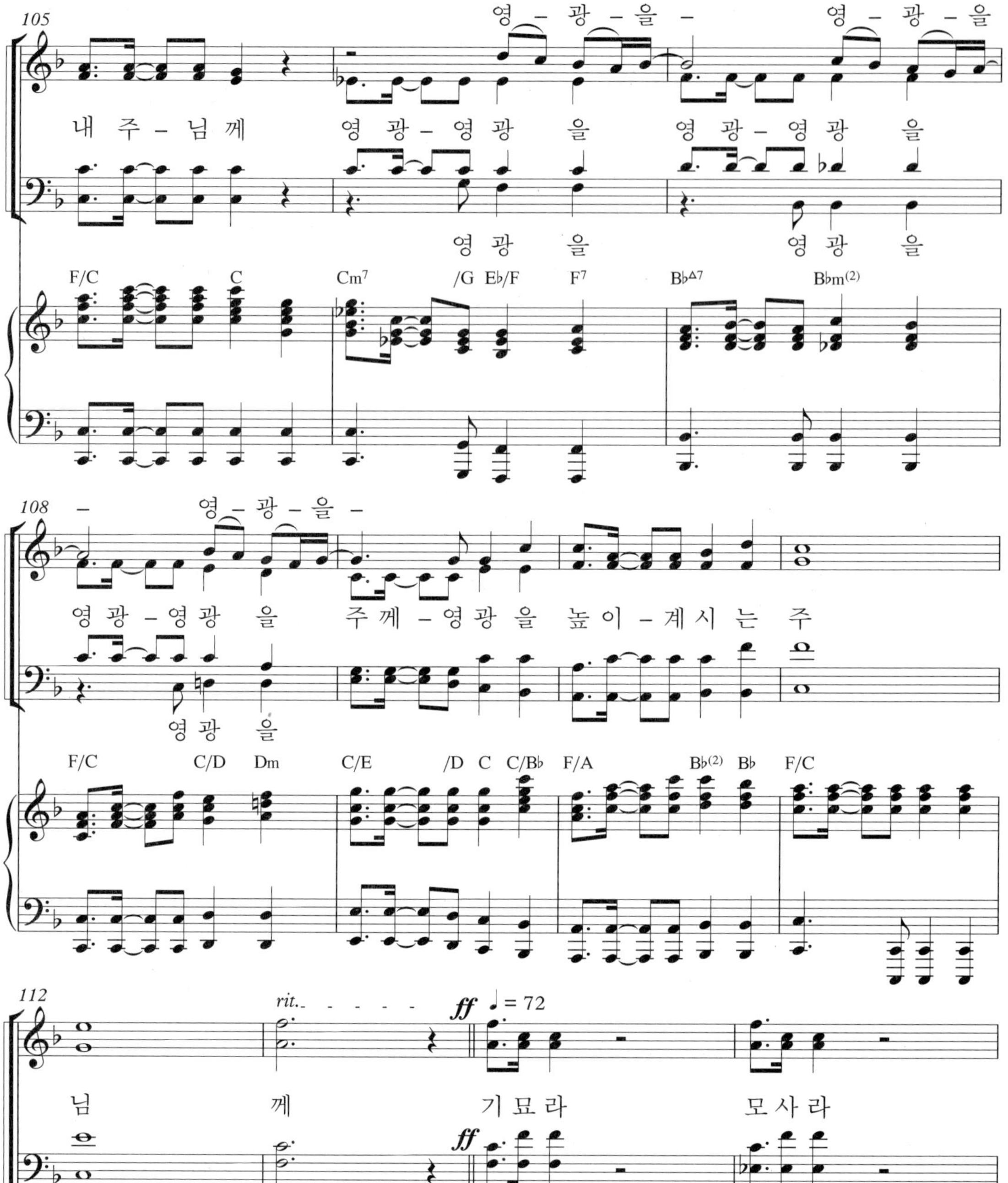
105
영 – 광 – 을 – 영 – 광 – 을
내 주 – 님 께 영 광 – 영 광 을 영 광 – 영 광 을
영 광 을 영 광 을
F/C C Cm7 /G E♭/F F7 B♭Δ7 B♭m(2)
108
– 영 – 광 – 을 –
영 광 – 영 광 을 주 께 – 영 광 을 높 이 – 계 시 는 주
영 광 을
F/C C/D Dm C/E /D C C/B♭ F/A B♭(2) B♭ F/C
112
rit.
ff
♩= 72
님 께 기 묘 라 모 사 라
C F F F/E♭

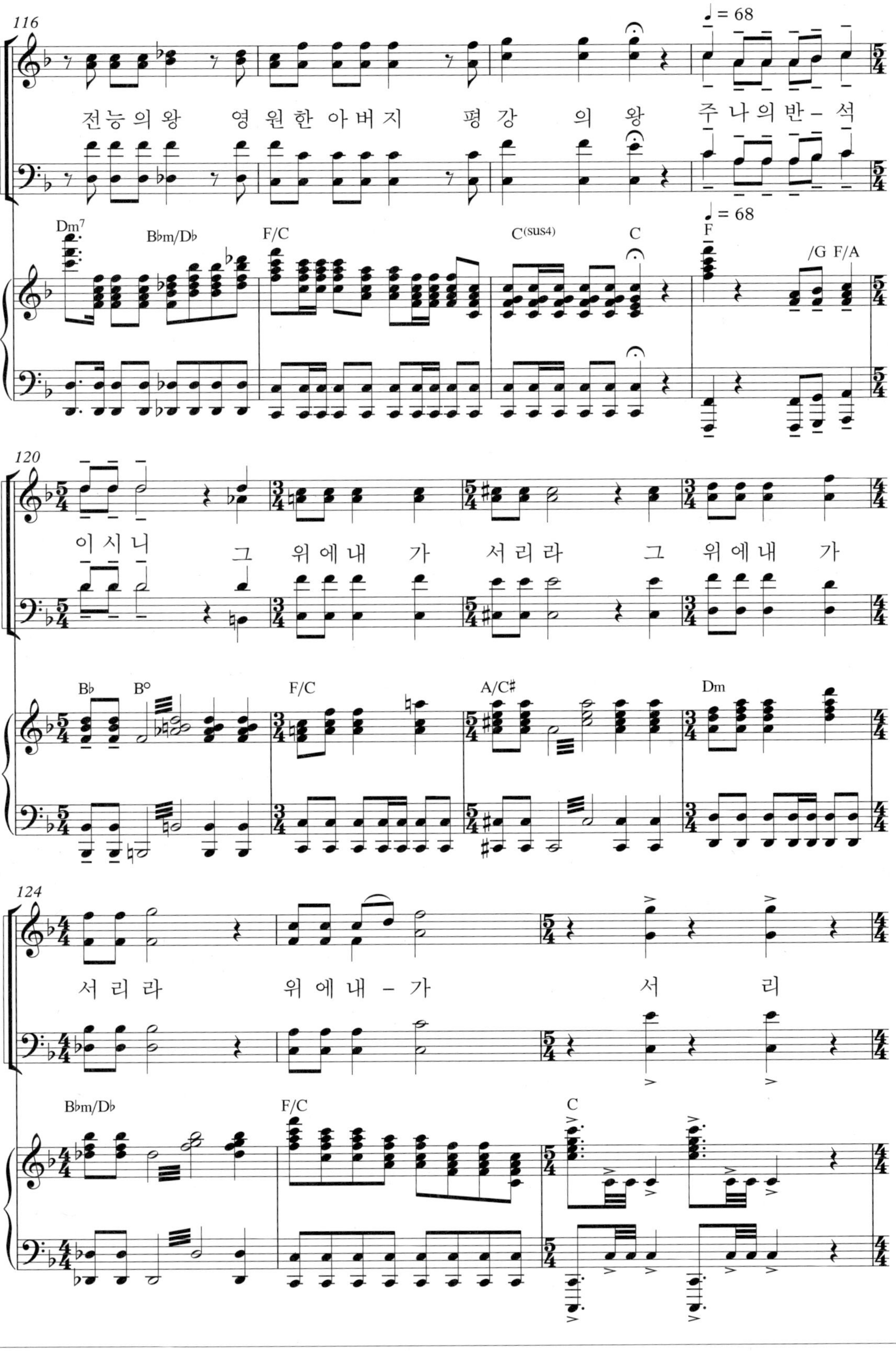
116
♩ = 68
전능의왕 영원한아버지 평강 의 왕 주나의반-석
Dm7 B♭m/D♭ F/C C(sus4) C
♩ = 68
F /G F/A
120
이시니 그 위에내 가 서리라 그 위에내 가
B♭ B° F/C A/C♯ Dm
124
서리라 위에내-가 서 리
B♭m/D♭ F/C C

예수 그리스도의 탄생, 우리의 소망 | 찬양대 찬양

이 몸의 소망 무언가, 살아계신 주

헌신의 찬양

원곡 새찬송가 488장
편곡 김성현, 이은아

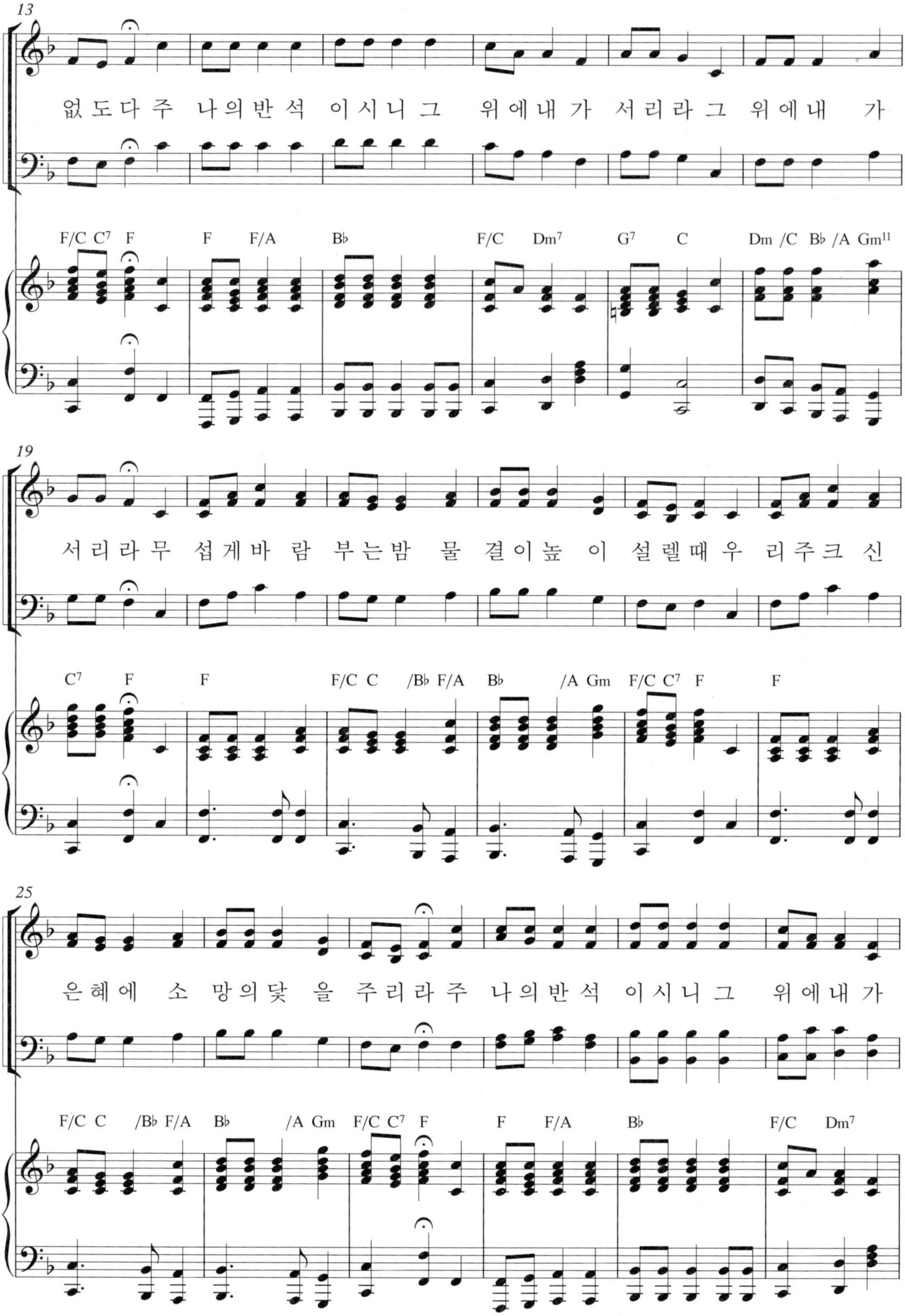
13
없도다 주 나의반석 이시니 그 위에내가 서리라그 위에내 가
F/C C7 F F F/A B♭ F/C Dm7 G7 C Dm /C B♭ /A Gm11
19
서리라무 섭게바 람 부는밤 물 결이높 이 설렘때우 리주크 신
C7 F F F/C C /B♭ F/A B♭ /A Gm F/C C7 F F
25
은혜에 소 망의닻 을 주리라주 나의반석 이시니그 위에내가
F/C C /B♭ F/A B♭ /A Gm F/C C7 F F F/A B♭ F/C Dm7

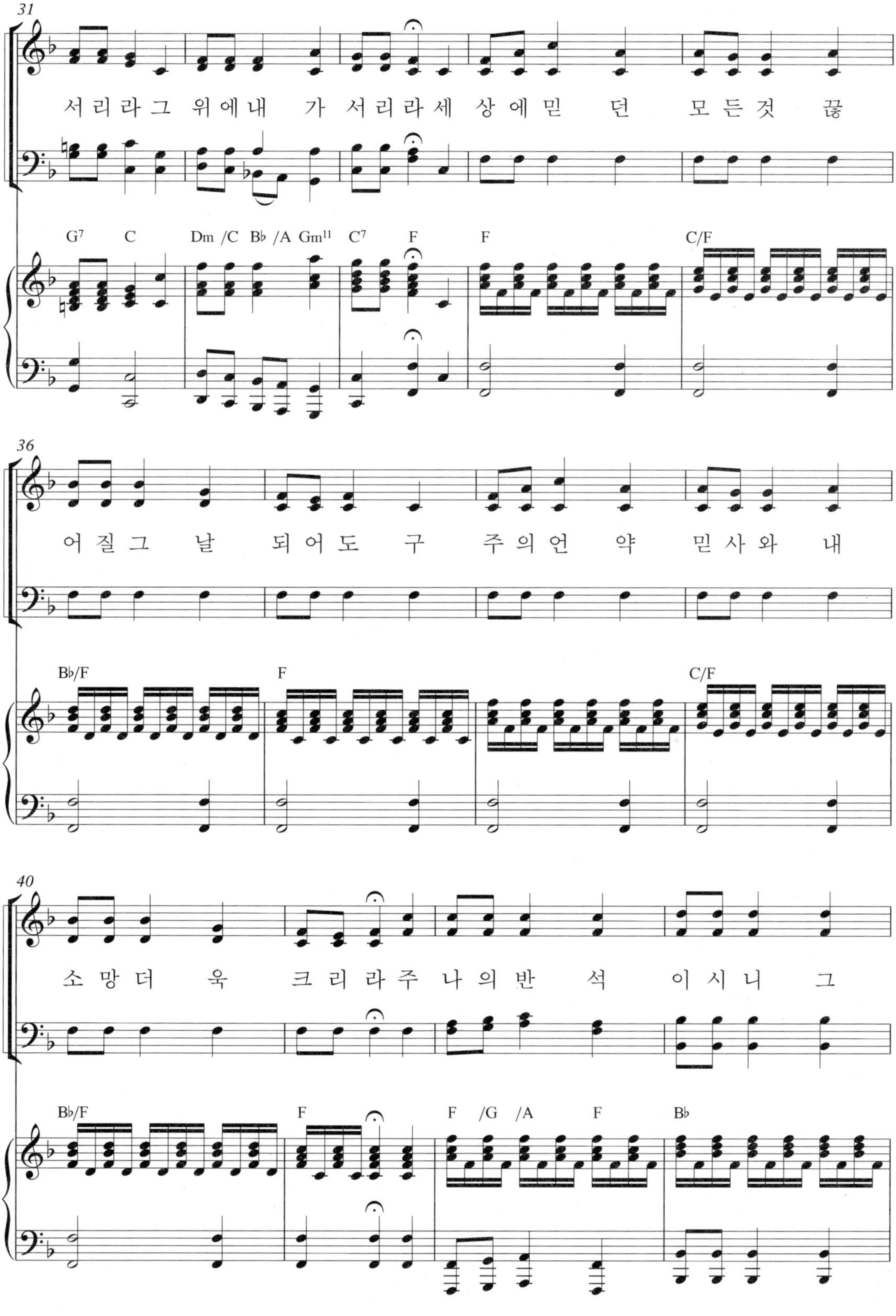
31
서 리 라 그 위 에 내 가 서 리 라 세 상 에 믿 던 모 든 것 끊
G7 C Dm /C B♭ /A Gm11 C7 F F C/F
36
어 질 그 날 되 어 도 구 주 의 언 약 믿 사 와 내
B♭/F F C/F
40
소 망 더 욱 크 리 라 주 나 의 반 석 이 시 니 그
B♭/F F F /G /A F B♭

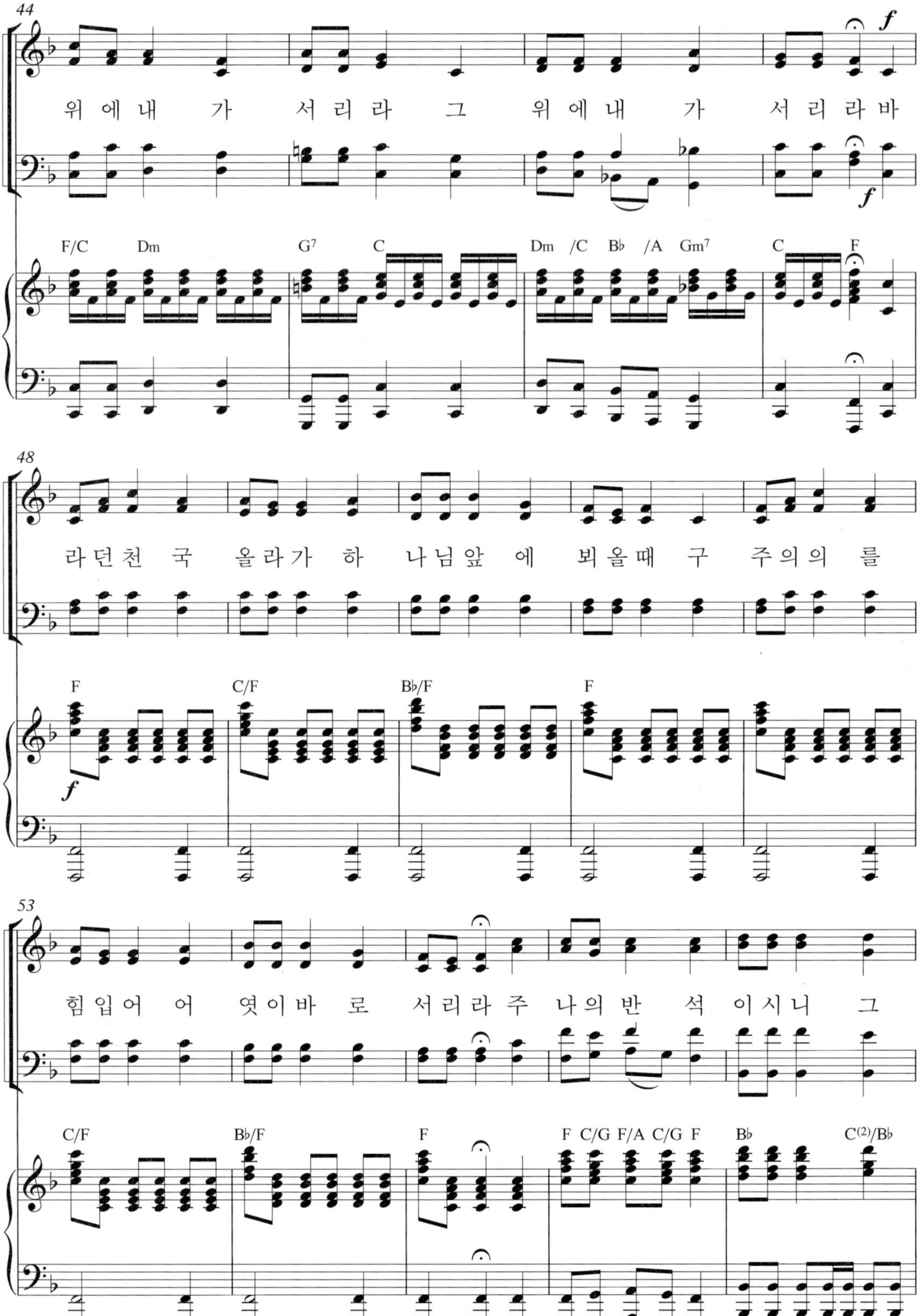
44
f
위 에 내 가 서 리 라 그 위 에 내 가 서 리 라 바
F/C Dm G7 C Dm /C B♭ /A Gm7 C F
48
라 던 천 국 올 라 가 하 나 님 앞 에 뵈 올 때 구 주 의 의 를
F C/F B♭/F F
53
힘 입 어 어 엿 이 바 로 서 리 라 주 나 의 반 석 이 시 니 그
C/F B♭/F F F C/G F/A C/G F B♭ C(2)/B♭

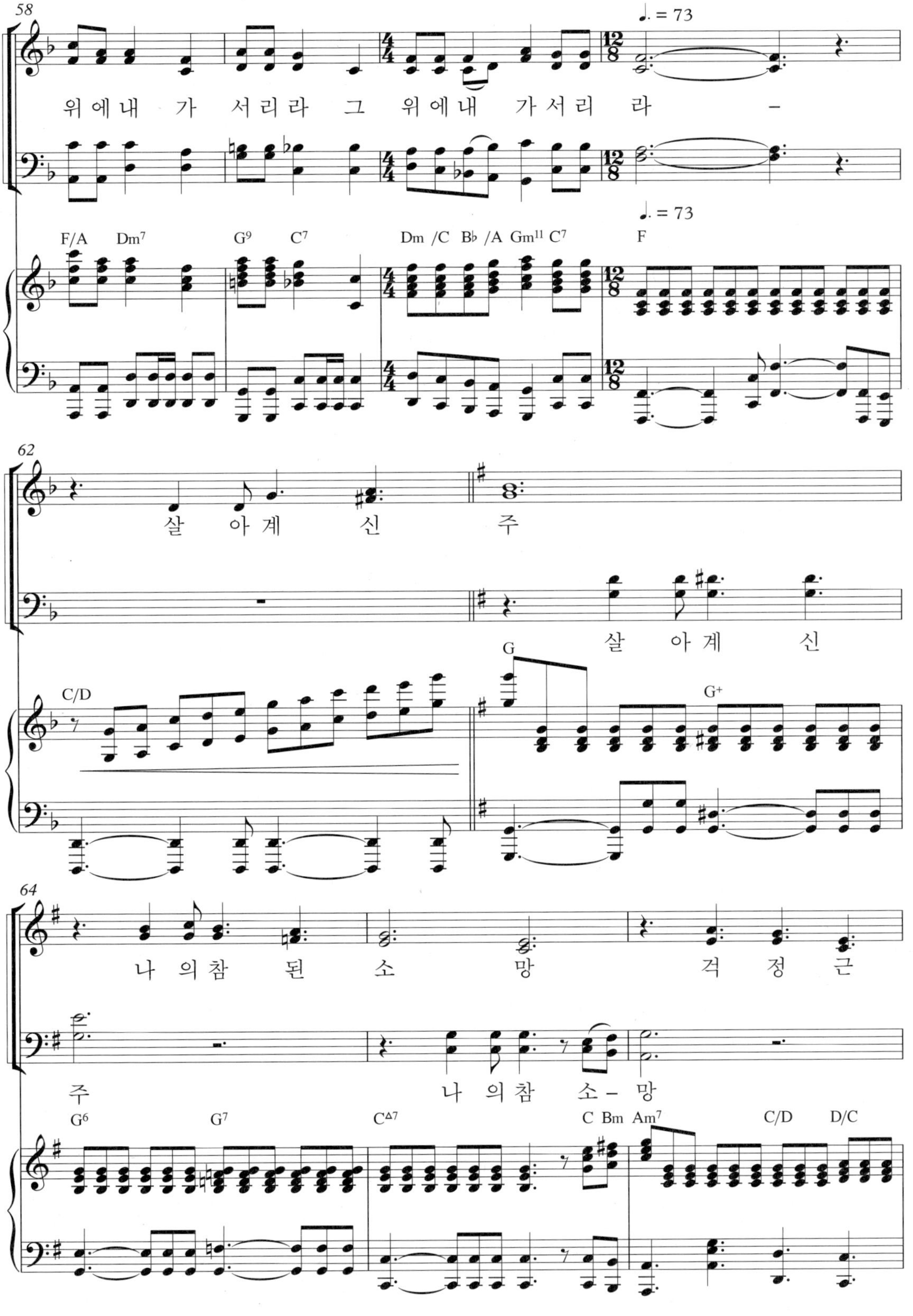
58
♩. = 73
위 에 내 가 서 리 라 그 위 에 내 가 서 리 라 –
F/A Dm7 G9 C7 Dm /C B♭ /A Gm11 C7 F
62
살 아 계 신 주
살 아 계 신
C/D G G+
64
나 의 참 된 소 망 걱 정 근
주 나 의 참 소 – 망
G6 G7 C△7 C Bm Am7 C/D D/C

이 몸의 소망 무언가, 살아계신 주 | 헌신의 찬양

이 몸의 소망 무언가, 살아계신 주 | 헌신의 찬양

05

Lecture 05 예배찬양사역자의 역할
- 귀중한 보배합을
- 참 반가운 성도여

Lecture 05

예배찬양사역자의 역할

채윤성 목사 _ 올포워십 대표, 문화교회 찬양사역 담당목사

예배찬양사역자는 우리가 교회 안에서 드리는 예배 중 찬양으로 사역하는 사람들입니다. 그 기능과 방법이 무엇이든지 기능인이 아니라 사역자라는 것은 그 역할에 대한 하나님의 부르심이 있는 것입니다. 그리고 그 역할을 통해서 하나님을 영화롭게 할 뿐 아니라 섬기는 대상을 하나님께로 이끄는 역할이 되어야 합니다. 그 부분을 함께 나누고자 합니다.

우선순위에 대해서(교회, 예배, 찬양)

우리가 이 사역을 감당함에 있어서 '교회', '예배', '찬양'의 세 가지의 단어를 중심으로 움직이게 됩니다. 이 중에서 우선순위를 먼저 점검해보아야 합니다. 우리는 '교회'의 '예배'안에서 '찬양'으로 사역하는 사람들입니다. 세 가지가 다 중요하지만 우선순위와 방점을 정하는 것은 무척 중요합니다. 교회의 덕을 세워가는 것보다 예배자체가 우선이 되거나 찬양이 우선이 되면 예배를 준비하는 것 때문에 교회 안에 있는 성도들, 동역자들이 상처받거나 어려움에 처하게 됩니다. 또한 교회 안에서의 섬김이기에 교회의 방향성과 더불어 사역해야 합니다. 우리는 OO교회의 OO예배에서 찬양으로 섬기는 사람들이기 때문입니다.

예배찬양사역자의 역할과 정체성

예배에서 찬양으로 섬기는 우리들의 역할을 살펴보고자 합니다. 이미 알고 계실 수도 있지만 다시 점검해 보면서 여러분의 사역안에 적용시켜보시면 좋겠습니다.

■ **예배자(Worshipper)**

"아버지께 참되게 예배하는 자들은 영과 진리로 예배할 때가 오나니 곧 이 때라 아버지께서는 자기에게 이렇게 예배하는 자들을 찾으시느니라 하나님은 영이시니 예배하는 자가 영과 진리로 예배할지니라(요한복음 4:23~24)"

예배찬양사역자의 가장 중요한 정체성은 '예배자'입니다. 영과 진리로 드리는 예배자를 찾으시는 하나님 앞에 예배찬양사역자 자신이 하나님께 대한 진정성과 그분에 대한 이해를 통해 예배드리는 예배자이어야 합니다.

그를 위해, 우리는 먼저 하나님을 향한 진정성으로 하나님께 나아가야 합니다. 찬양곡을 부르는 것에 만족하는 것이 아니라 그 고백이 내 자신의 진실한 고백이 될 수 있도록 노력하고 살아가야 합니다. 그리고 그 모습으로 하나님께 찬양할 수 있어야 합니다. 또한 하나님을 더 알아가기 위해 애쓰십시오. 여러분이 인도하는 찬양은 여러분의 경험 이상으로 깊어지거나 확대될 수 없습니다. 풍성한 섬김과 사역을 위해 하나님을 알아가는 일에 힘써야 합니다. 하나님을 알아가기 위해 교회에서 제공하는 훈련과 교육에 참여해보시길 권해드립니다. 일로써 의무로써 참여하는 것이 아니라 여러분이 더 하나님을 알아감을 통해 여러분과 하나님과의 관계가 더욱 더 깊어집니다. 그것으로 여러분이 섬기는 그 사역이 더 깊어질 것이기 때문입니다.

여러분이 섬기는 그들이 영과 진리로 예배하길 원하신다면 여러분이 더 예배자가 되려고 노력하십시오.

■ 인도자(Leader)
"여호와께서 모세에게 이르시되 너는 어찌하여 내게 부르짖느냐 이스라엘 자손에게 명령하여 앞으로 나아가게 하고 지팡이를 들고 손을 바다 위로 내밀어 그것이 갈라지게 하라 이스라엘 자손이 바다 가운데서 마른 땅으로 행하리라(출애굽기 14:15~16)

저명한 예배학자인 로버트 웨버는 예배를 '출애굽 사건을 통해서 하나님은 이스라엘 백성들을 원수의 압제로부터 구원해 내서 해방시키시고 그들을 하나님 나라 백성으로 세우시고 또 약속의 땅으로 인해내는 출애굽의 영성을 새롭게 구현하는 것' 이라고 말했습니다.

예배를 드리러 교회에 오신 분들을 생각해 봅니다. 준비된 예배자들보다는 때론 어쩔 수 없이 예배의 자리에 오신 분들도 많이 있습니다. 한 주간동안 믿음으로 승리하

며 살아가신 분 보다는 삶의 자리에서 지쳐 힘든 가운데 예배의 자리에 참석하신 분들이 더 많습니다. 마치 그것은 이집트의 노예로 살아가던 이스라엘 백성들을 가나안으로 인도했던 모세와 또 다른사람들에 비유해 볼 수 있을 것입니다. 죄의 노예로 살아왔던, 세상의 일터에서 일의 노예, 세상의 노예가 되어 살아가며 힘겨워했던, 때로는 그 노예로 살아가는 것에 익숙했던 회중들에게 직접 함께 부르는 것이든, 들려주는 (정확히는 들음으로 찬양하게 하는)것이든 여러분의 찬양을 통해 진정한 자유를 주시는 하나님께로 인도자의 역할을 하는 것이 여러분들의 역할입니다. 이제 여러분들은 그들을 하나님의 약속한 언약의 땅인 하나님의 보좌 앞에 다다를 수 있도록 인도해주는 인도자이어야 합니다.

우리는 그들이 하나님을 볼 수 있고, 만날 수 있는 찬양에 집중하기 위해 여러분이 준비해야 할 것이 무엇인지를 더욱 고민하고 노력해야 합니다. 여러분은 그들을 하나님의 보좌 앞으로 인도해내는 인도자이기 때문입니다.

■ 반주자(accompanist)

"나팔 부는 자와 노래하는 자들이 일제히 소리를 내어 여호와를 찬송하며 감사하는데 나팔 불고 제금 치고 모든 악기를 울리며 소리를 높여 여호와를 찬송하여 이르되 선하시도다 그의 자비하심이 영원히 있도다 하매(역대하 5:13)"

성전에 언약궤를 모실 때에는 목소리와 함께 나팔과 제금, 모든 악기의 연주를 통해 하나님을 찬양했습니다. 그 자체가 찬양이었지만 하나님을 높이는 연주로 찬양했다는 점에서 지원하는 역할, 즉 반주자와도 같다고 볼 수 있습니다. 예배찬양 사역자는 홀로 자신의 독창곡으로 자신을 뽐내는 사람이 아니며 하나님을 향한, 하나님을 높이는 찬양을 부르는 사람들이기 때문입니다. 그러기에 우리는 자신이 인도자임과 동시에 반주자임을 기억해야 합니다. 반주자는 솔로로 자신만 혼자 연주하는 것이 아닙니다. 회중이 함께 찬양하고 예배하도록 돕고 섬기는 역할을 하는 것입니다.

그러기에 어떻게 준비해야, 회중들이 함께 찬양하는 데 도움이 될 수 있을까? 어떻게 연주해야, 어떻게 노래해야 그들이 하나님께 집중할 수 있을까에 더 초점을 맞추어야 합니다. 그것을 위해 존재하는 것이 필요할지에 대한 생각과 준비가 필요합니다.

- **중보자(intercessor): 고후5:18~19**

"모든 것이 하나님께로서 났으며 그가 그리스도로 말미암아 우리를 자기와 화목하게 하시고 또 우리에게 화목하게 하는 직분을 주셨으니 곧 하나님께서 그리스도 안에 계시사 세상을 자기와 화목하게 하시며 그들의 죄를 그들에게 돌리지 아니하시고 화목하게 하는 말씀을 우리에게 부탁하셨느니라"

하나님께서는 우리 모두가 하나님과 화목하게 되어야 하고 그 다음으로는 화목하게 하는 직분을 통해서 사람들이 하나님과 화목하게 하도록 도와야 한다고 말씀하셨습니다.

예배찬양사역자는 인도하면서 자신과 하나님과의 관계에 집중할 뿐 아니라 예배의 자리에 나아온 회중들과 하나님과의 관계를 위해 중보하는 자리에 서야합니다. 그래서 찬양을 부르면서도 계속 함께 예배하고 있는 회중들이 하나님 앞에 더욱 진실함으로 나아갈 수 있도록 중보하는 마음으로 찬양해야 합니다.

> **[나눔을 위한 질문]**
>
> 1. 예배찬양사역자로서 지금 자신에게 있어서 잘 되고 있는 부분과 어려운 부분은 어떤 것이 있을까요?
>
> 2. 지금 나누고 있는 우리 교회 예배찬양사역팀을 위해서 '응원'의 한 마디를 쓰시고 나누어주세요.

채윤성

중앙대학교 음악대학에서 성악(B.A), 침례신학대학교 교회음악대학원 목회음악과(M.Div, in Church Music)에서 예배인도와 예배기획을 전공하였다. 올포워십 대표 및 매거진편집장으로 섬기고 있으며 미드웨스트 유니버시티에서 예배인도와 예배기획과목 외래교수로 활동하였다. 교회된 한 사람의 부르심과 예배자세우기 사역인 '워십 크리에이터'와 지역교회의 예배를 세우기 위한 예배기획, 컨설팅사역을 하고 있다.

귀중한 보배합을

회중찬양 & 송영

원곡 새찬송가 111장
편곡 김성현, 이은아

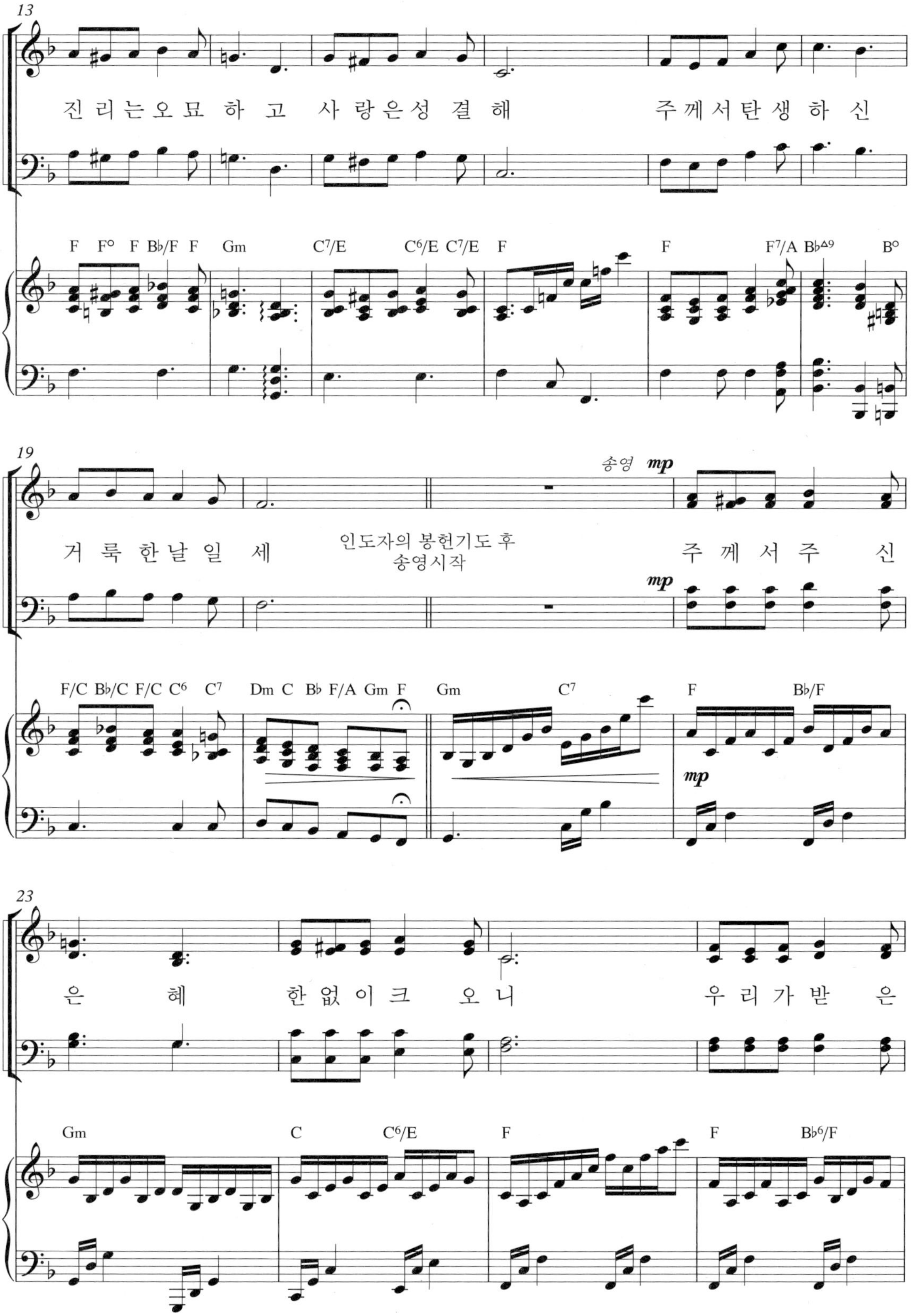
13
진 리 는 오 묘 하 고 사 랑 은 성 결 해 주 께 서 탄 생 하 신
F F° F B♭/F F Gm C⁷/E C⁶/E C⁷/E F F F⁷/A B♭△9 B°
19
송영 mp
거 룩 한 날 일 세
인도자의 봉헌기도 후
송영시작
주 께 서 주 신
mp
F/C B♭/C F/C C⁶ C⁷ Dm C B♭ F/A Gm F Gm C⁷ F B♭/F
mp
23
은 혜 한 없 이 크 오 니 우 리 가 받 은
Gm C C⁶/E F F B♭⁶/F

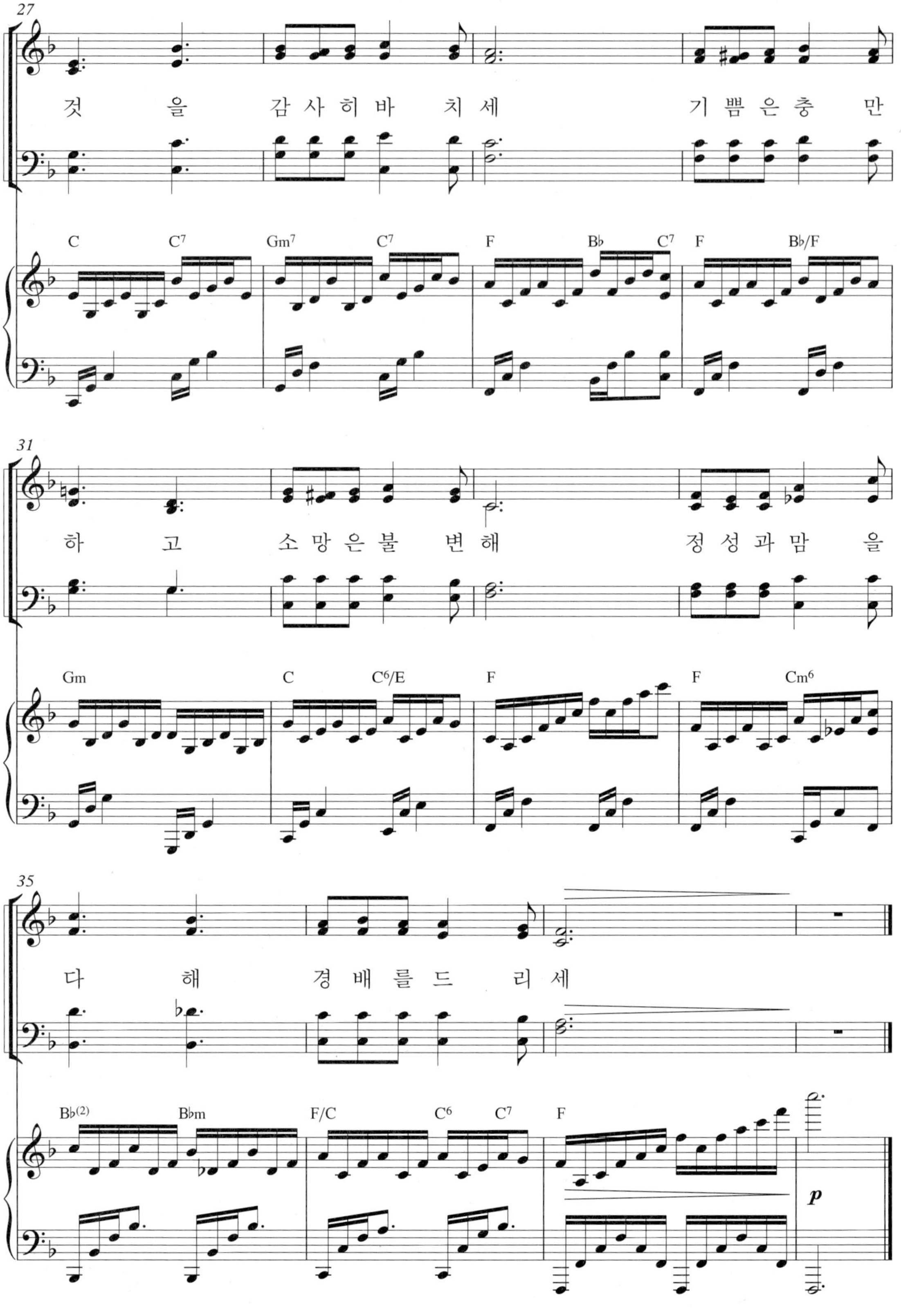
27
것 을 감 사 히 바 치 세 기 쁨 은 충 만
C C7 Gm7 C7 F B♭ C7 F B♭/F
31
하 고 소 망 은 불 변 해 정 성 과 맘 을
Gm C C6/E F F Cm6
35
다 해 경 배 를 드 리 세
B♭(2) B♭m F/C C6 C7 F
p

참 반가운 성도여
파송의 찬양

원곡 새찬송가 122장
편곡 김성현, 이은아

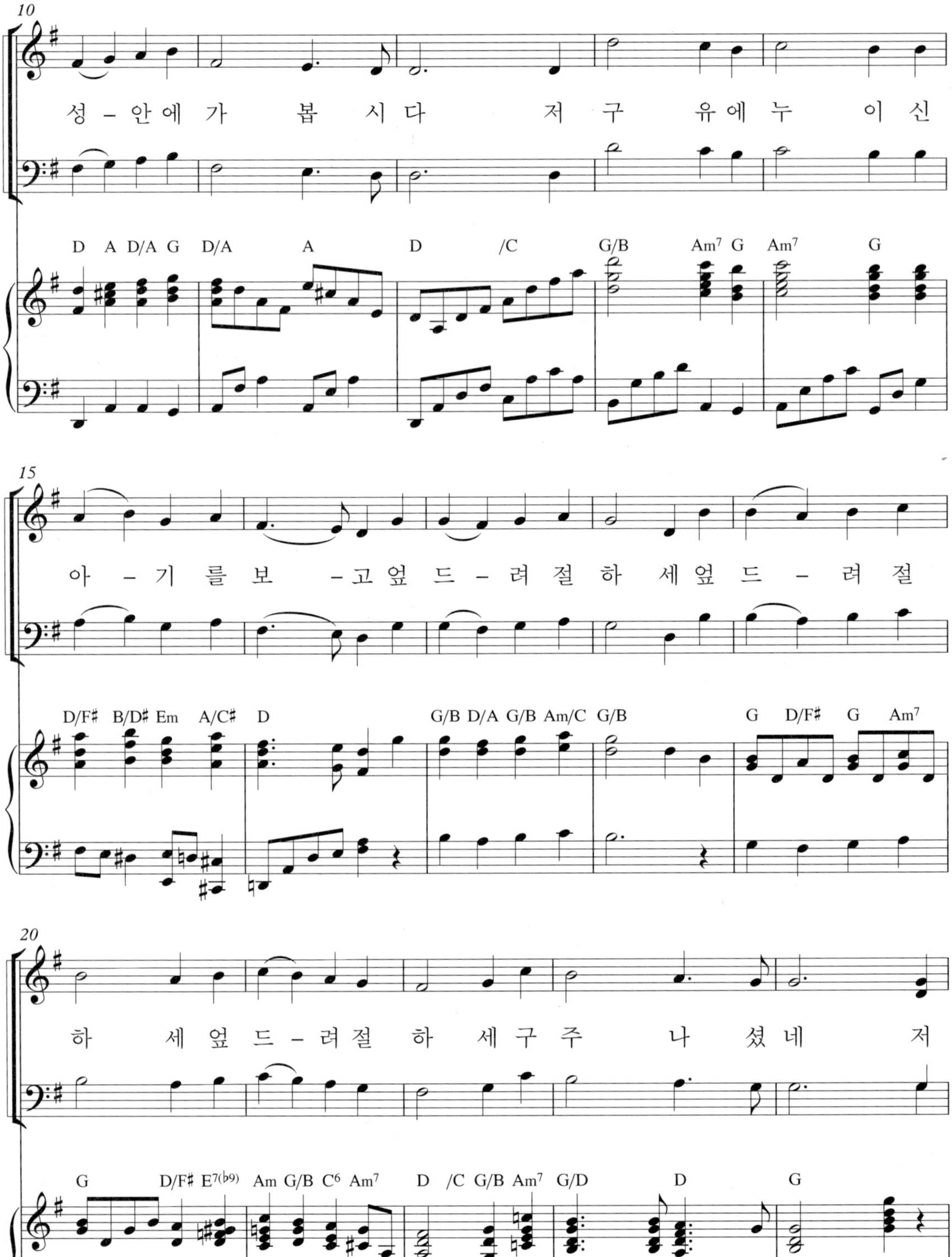
10
성 – 안에 가 봅 시 다 저 구 유에 누 이 신
D A D/A G D/A A D /C G/B Am7 G Am7 G
15
아 – 기 를 보 –고 엎 드 – 려 절 하 세 엎 드 – 려 절
D/F♯ B/D♯ Em A/C♯ D G/B D/A G/B Am/C G/B G D/F♯ G Am7
20
하 세 엎 드 – 려 절 하 세 구 주 나 셨 네 저
G D/F♯ E7(♭9) Am G/B C6 Am7 D /C G/B Am7 G/D D G

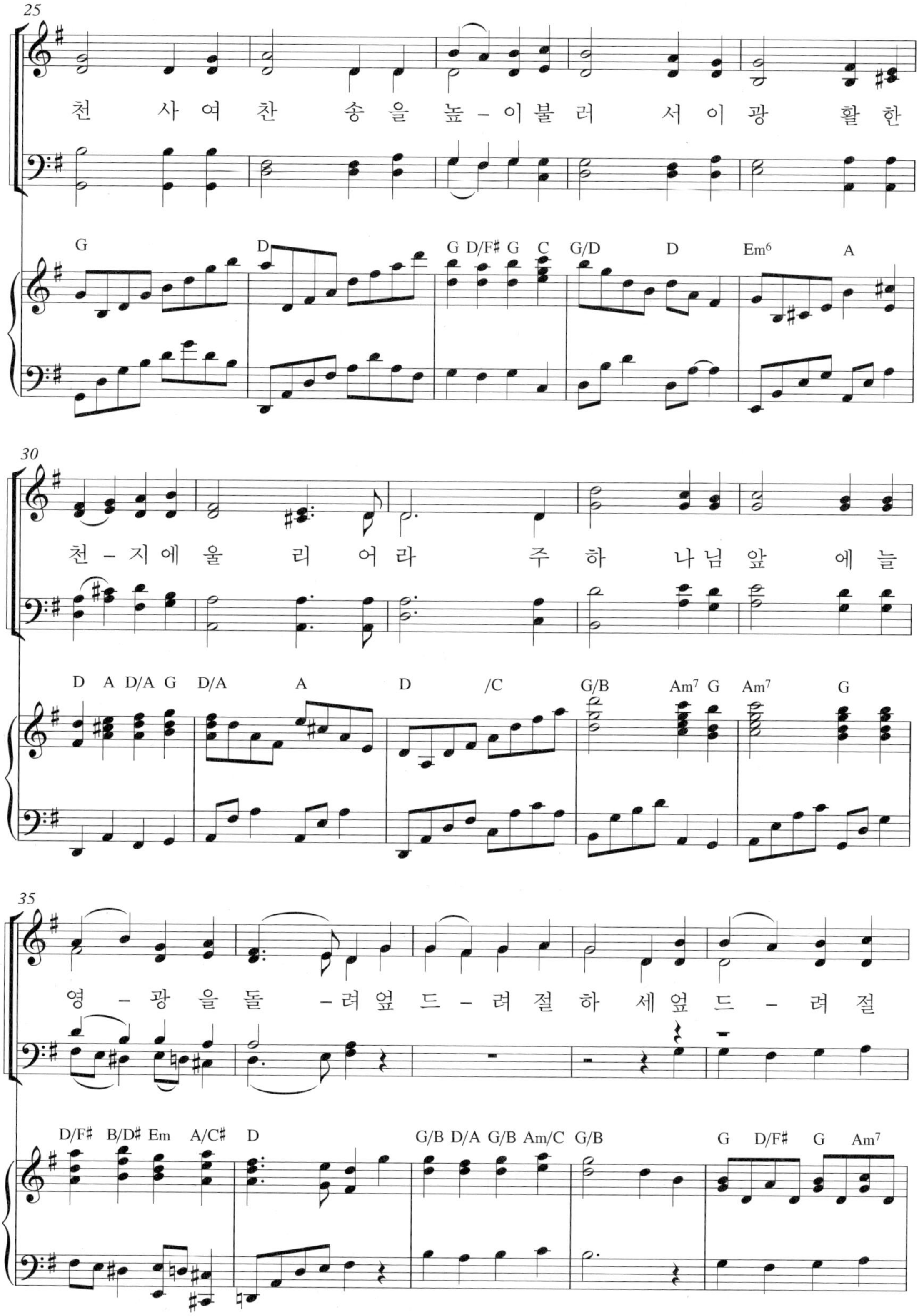
25
G D G D/F# G C G/D D Em6 A
천 사 여 찬 송 을 높 – 이 불 러 서 이 광 활 한
30
D A D/A G D/A A D /C G/B Am7 G Am7 G
천 – 지 에 울 리 어 라 주 하 나 님 앞 에 늘
35
D/F# B/D# Em A/C# D G/B D/A G/B Am/C G/B G D/F# G Am7
영 – 광 을 돌 –려 엎 드 – 려 절 하 세 엎 드 – 려 절

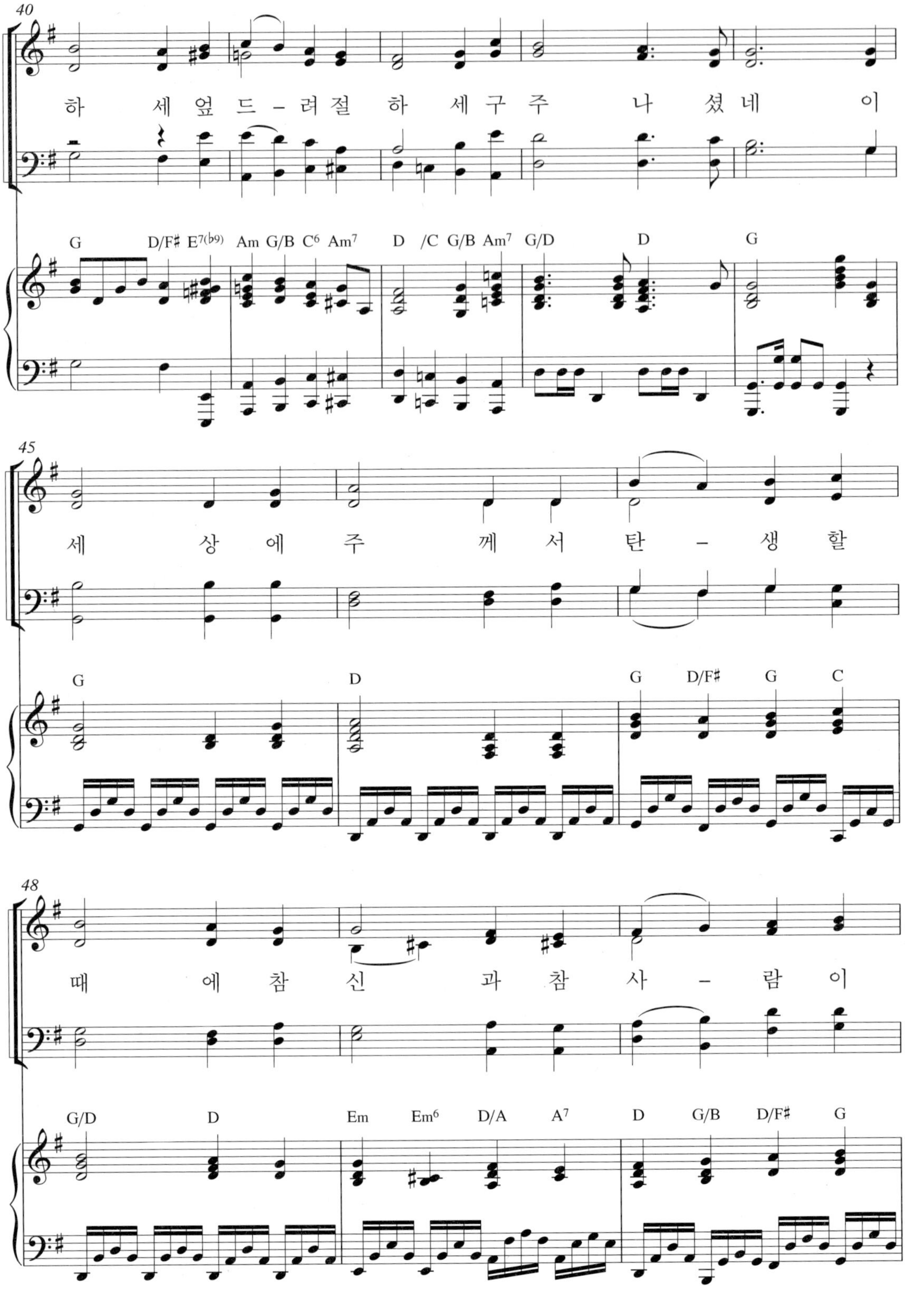
40
하 세 엎 드 – 려 절 하 세 구 주 나 셨 네 이
G D/F♯ E7(♭9) Am G/B C6 Am7 D /C G/B Am7 G/D D G
45
세 상 에 주 께 서 탄 – 생 할
G D G D/F♯ G C
48
때 에 참 신 과 참 사 – 람 이
G/D D Em Em6 D/A A7 D G/B D/F♯ G

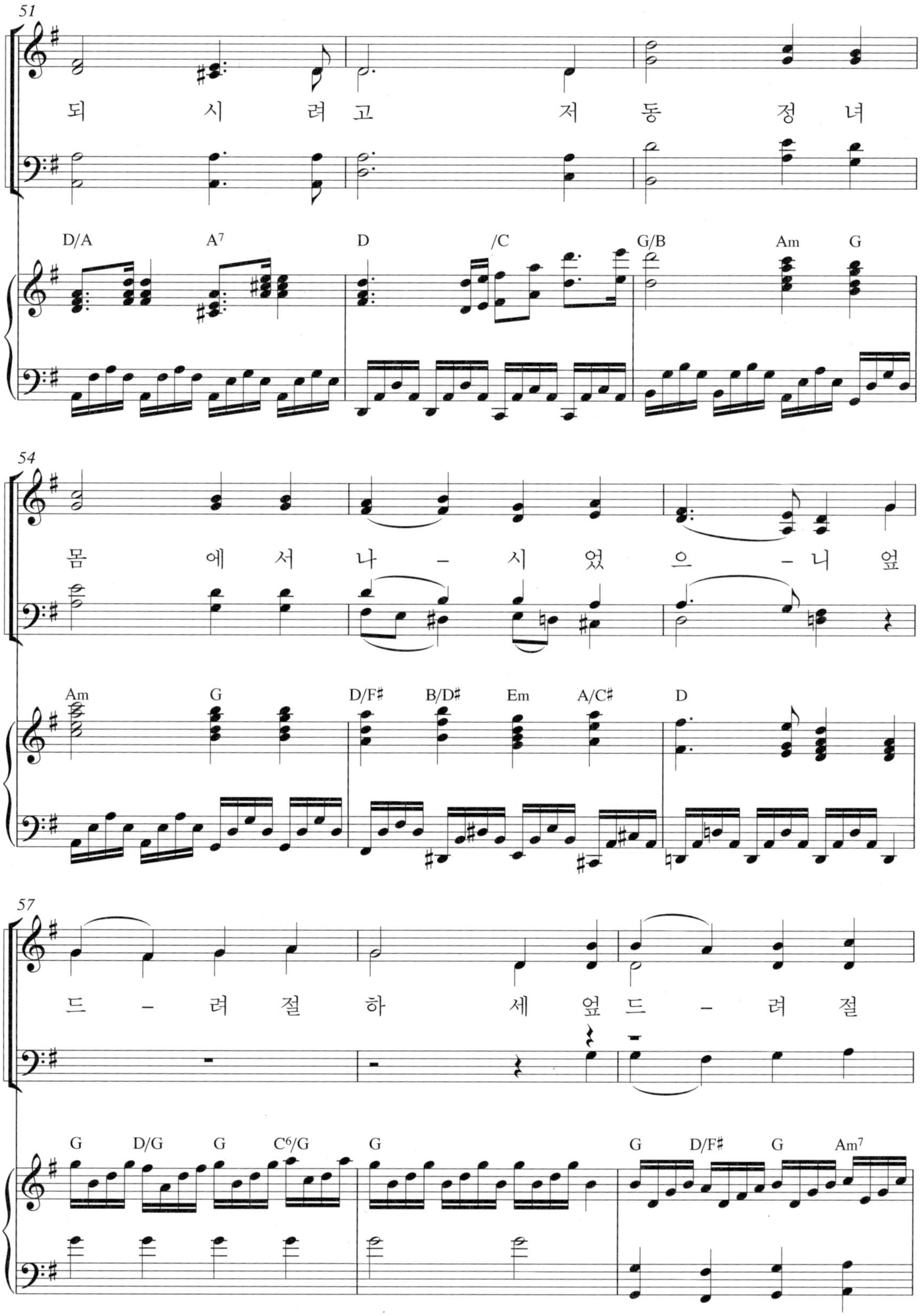
51
되 시 려 고 저 동 정 녀
D/A A7 D /C G/B Am G
54
몸 에 서 나 – 시 었 으 – 니 엎
Am G D/F# B/D# Em A/C# D
57
드 – 려 절 하 세 엎 드 – 려 절
G D/G G C6/G G G D/F# G Am7

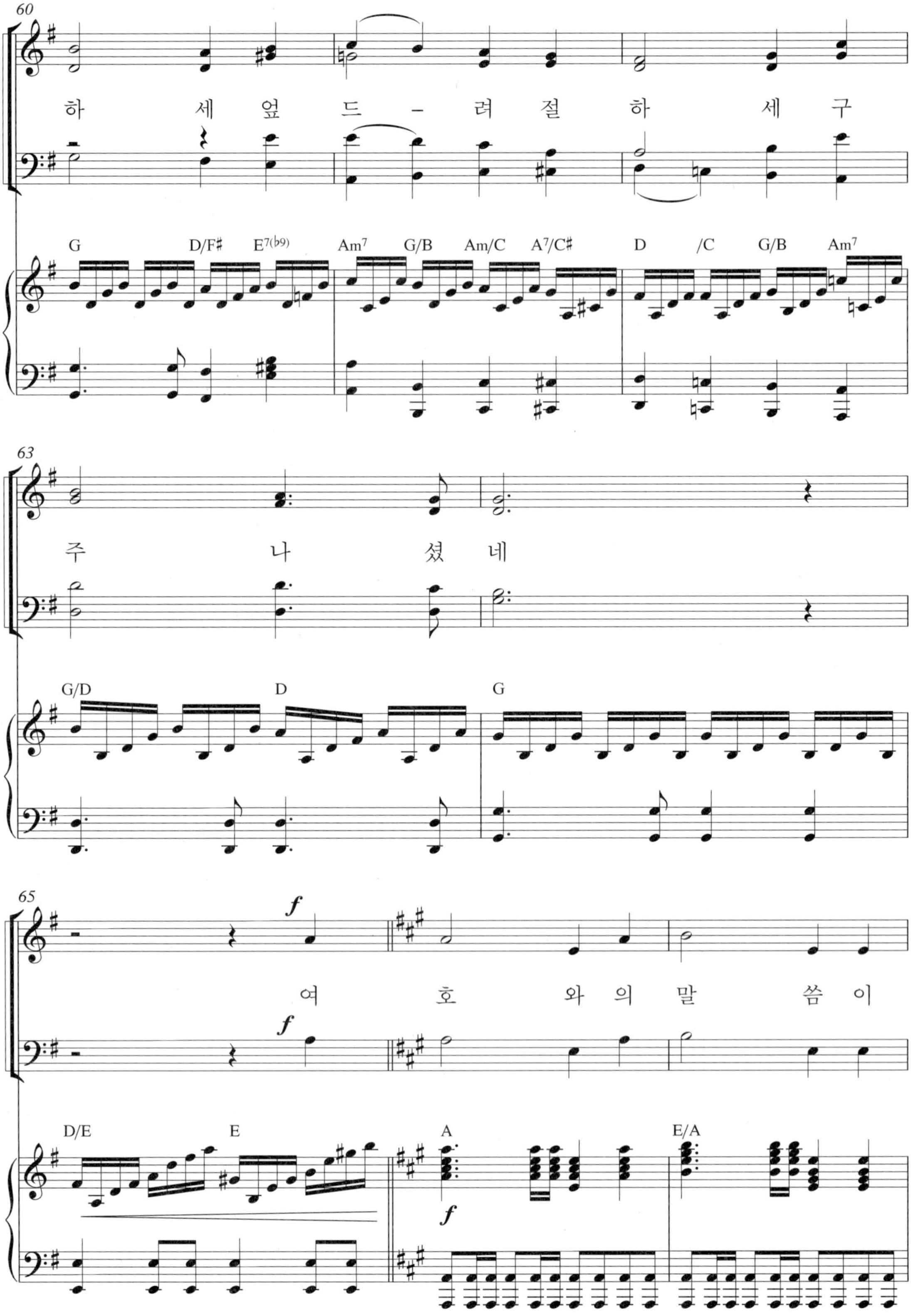
60
하 세 없 드 – 려 절 하 세 구
G D/F♯ E7(♭9) Am7 G/B Am/C A7/C♯ D /C G/B Am7
63
주 나 셨 네
G/D D G
65
f
여 호 와의 말 씀 이
D/E E A E/A

참 반가운 성도여 | 파송의 찬양

참 반가운 성도여 | 파송의 찬양

참 반가운 성도여 | 파송의 찬양

참 반가운 성도여 | 파송의 찬양

06

■ BAND SCORE

기쁘다 구주 오셨네

Arr. by 김성현, 이은아, 임호

영광 나라 천사들아

Arr. by 김성현, 이은아, 임호

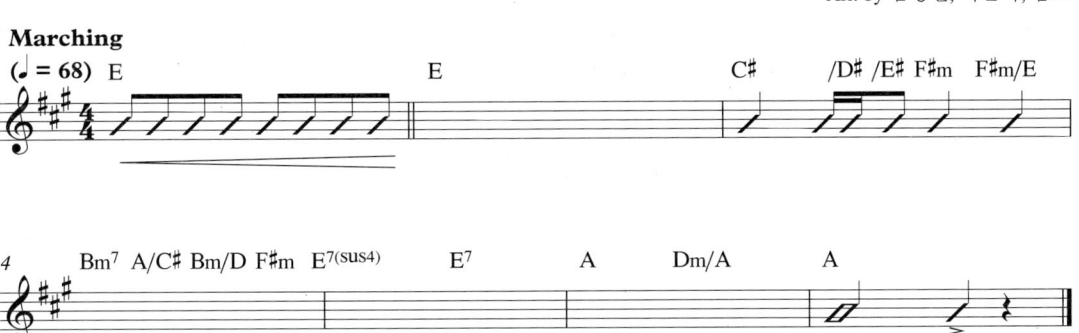

사랑의 왕, 천사들의 노래가

사랑의 왕 : Words and Music by Rodger Strader
Arr. by Bob Krogstad, 임호
주정식 역
천사들의 노래가 : 원곡 새찬송가 125장
Arr. by 김성현, 이은아, 임호

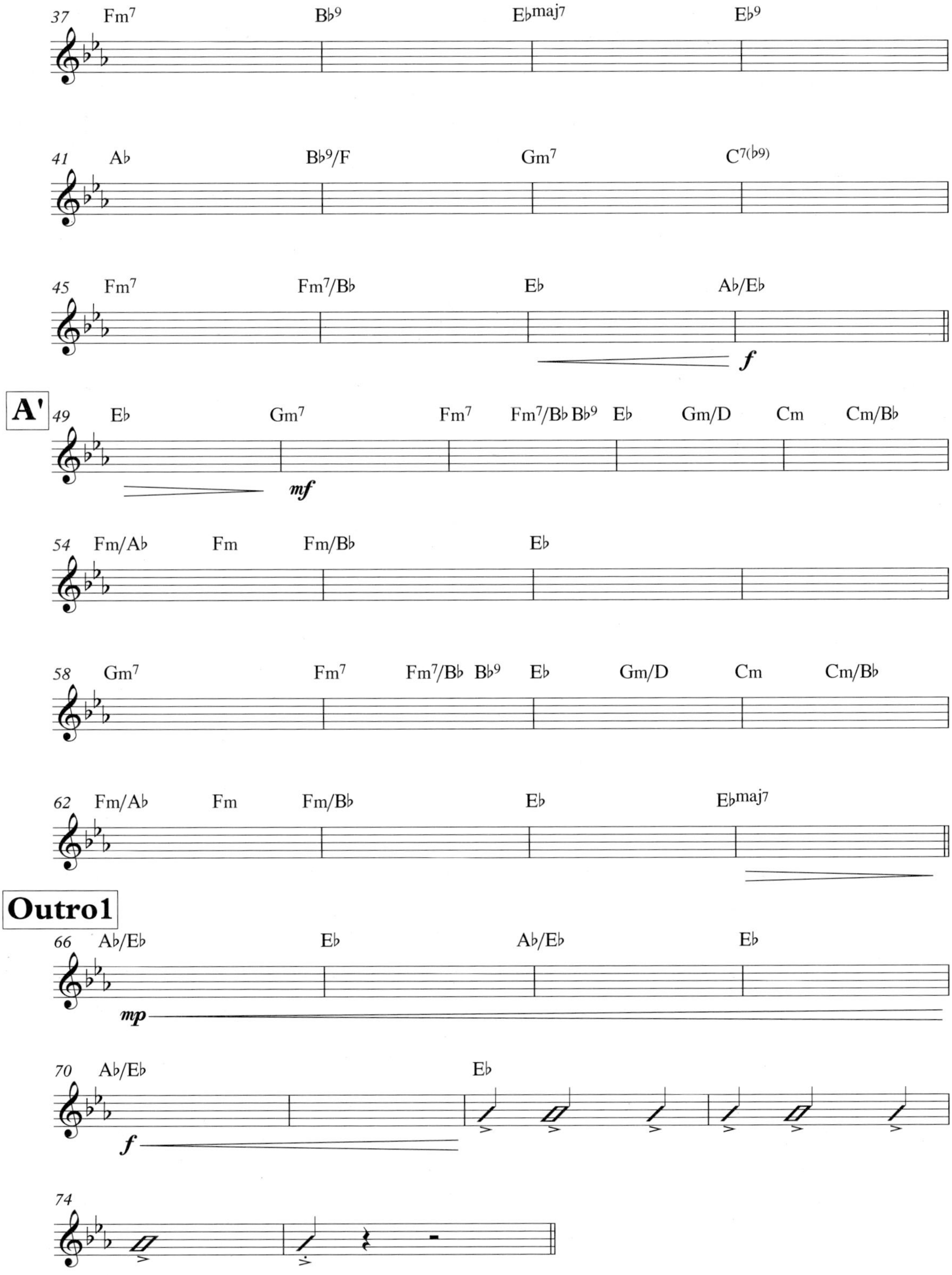
37 Fm7 B♭9 E♭maj7 E♭9
41 A♭ B♭9/F Gm7 C7(♭9)
45 Fm7 Fm7/B♭ E♭ A♭/E♭
f
A'
49 E♭ Gm7 Fm7 Fm7/B♭ B♭9 E♭ Gm/D Cm Cm/B♭
mf
54 Fm/A♭ Fm Fm/B♭ E♭
58 Gm7 Fm7 Fm7/B♭ B♭9 E♭ Gm/D Cm Cm/B♭
62 Fm/A♭ Fm Fm/B♭ E♭ E♭maj7
Outro1
66 A♭/E♭ E♭ A♭/E♭ E♭
mp
70 A♭/E♭ E♭
f
74

(천사들의 노래가)

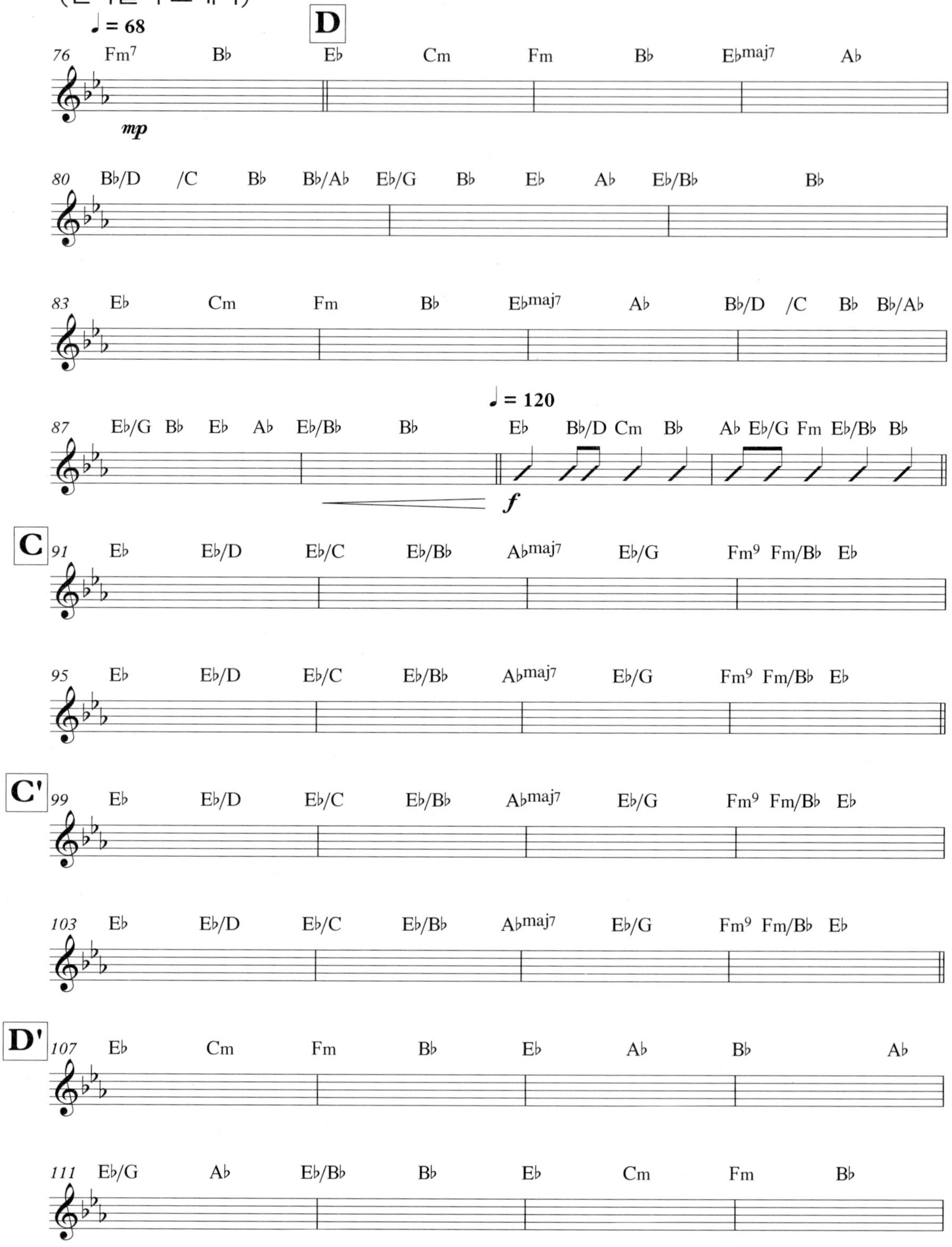
♩= 68
D
76 Fm7 B♭ E♭ Cm Fm B♭ E♭maj7 A♭
mp
80 B♭/D /C B♭ B♭/A♭ E♭/G B♭ E♭ A♭ E♭/B♭ B♭
83 E♭ Cm Fm B♭ E♭maj7 A♭ B♭/D /C B♭ B♭/A♭
♩= 120
87 E♭/G B♭ E♭ A♭ E♭/B♭ B♭ E♭ B♭/D Cm B♭ A♭ E♭/G Fm E♭/B♭ B♭
f
C
91 E♭ E♭/D E♭/C E♭/B♭ A♭maj7 E♭/G Fm9 Fm/B♭ E♭
95 E♭ E♭/D E♭/C E♭/B♭ A♭maj7 E♭/G Fm9 Fm/B♭ E♭
C'
99 E♭ E♭/D E♭/C E♭/B♭ A♭maj7 E♭/G Fm9 Fm/B♭ E♭
103 E♭ E♭/D E♭/C E♭/B♭ A♭maj7 E♭/G Fm9 Fm/B♭ E♭
D'
107 E♭ Cm Fm B♭ E♭ A♭ B♭ A♭
111 E♭/G A♭ E♭/B♭ B♭ E♭ Cm Fm B♭

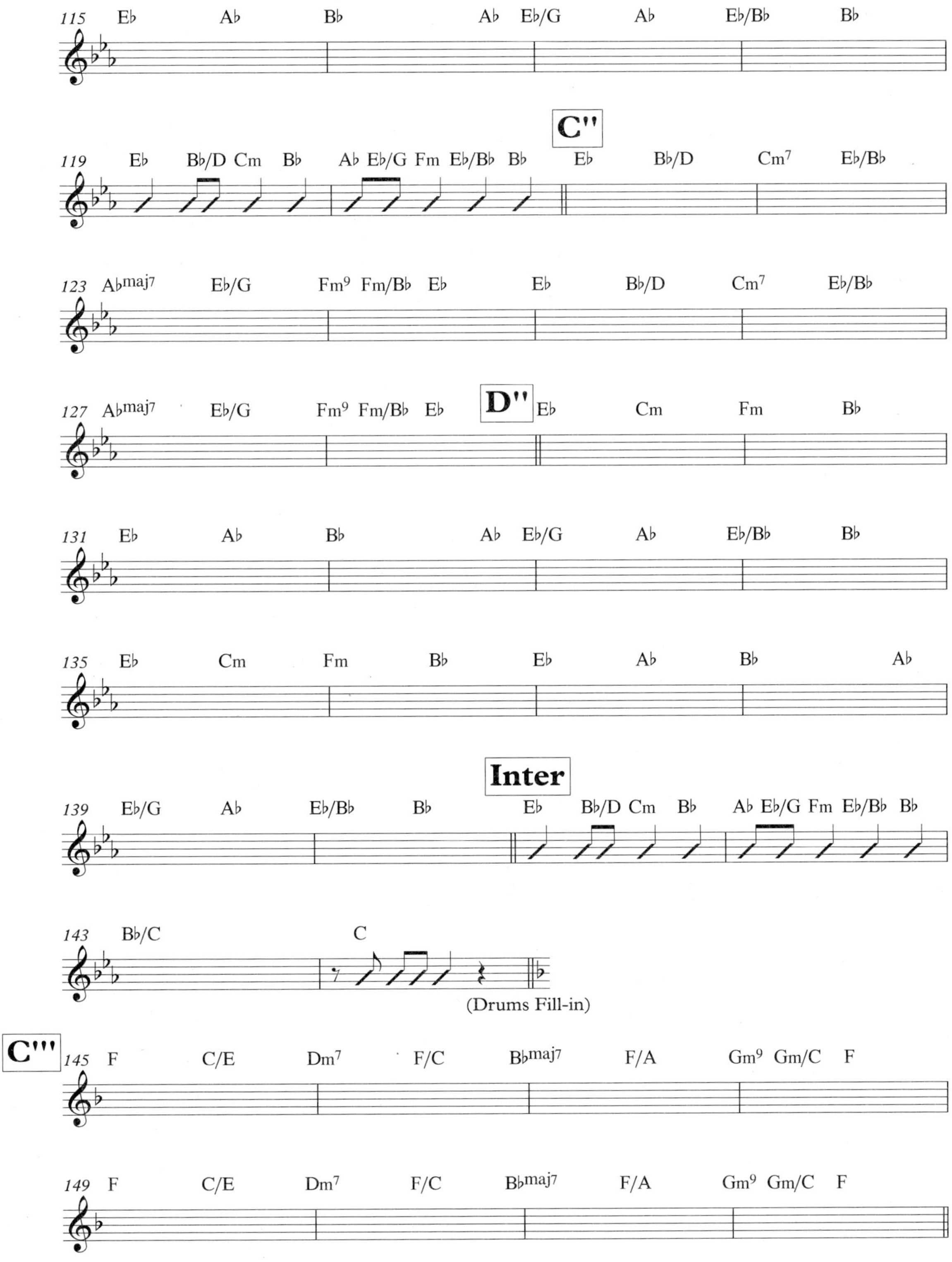
115 E♭ A♭ B♭ A♭ E♭/G A♭ E♭/B♭ B♭
C''
119 E♭ B♭/D Cm B♭ A♭ E♭/G Fm E♭/B♭ B♭ E♭ B♭/D Cm7 E♭/B♭
123 A♭maj7 E♭/G Fm9 Fm/B♭ E♭ E♭ B♭/D Cm7 E♭/B♭
D''
127 A♭maj7 E♭/G Fm9 Fm/B♭ E♭ E♭ Cm Fm B♭
131 E♭ A♭ B♭ A♭ E♭/G A♭ E♭/B♭ B♭
135 E♭ Cm Fm B♭ E♭ A♭ B♭ A♭
Inter
139 E♭/G A♭ E♭/B♭ B♭ E♭ B♭/D Cm B♭ A♭ E♭/G Fm E♭/B♭ B♭
143 B♭/C C
(Drums Fill-in)
C'''
145 F C/E Dm7 F/C B♭maj7 F/A Gm9 Gm/C F
149 F C/E Dm7 F/C B♭maj7 F/A Gm9 Gm/C F

사랑의 왕, 천사들의 노래가

D'''
153 F | Dm | Gm | C | F | B♭ | C | B♭

157 F/A | B♭ | F/C | C | F | Dm | Gm | C

161 F | B♭ | C | B♭ F/A | B♭ | F/C | C

E
165 F | Dm /F | Gm | C /E F | B♭ D | C/E /D | C /B♭

169 F/A | B♭ | F/C | C | F | Dm /F | Gm | C /E

173 F | B♭ D | C/E /D | C /B♭ F/A | B♭ | F/C | C

Outro2
177 F/E♭ | B♭/D | B♭m/D♭ B♭m F |

예수 열방의 소망

Arr. by 임호

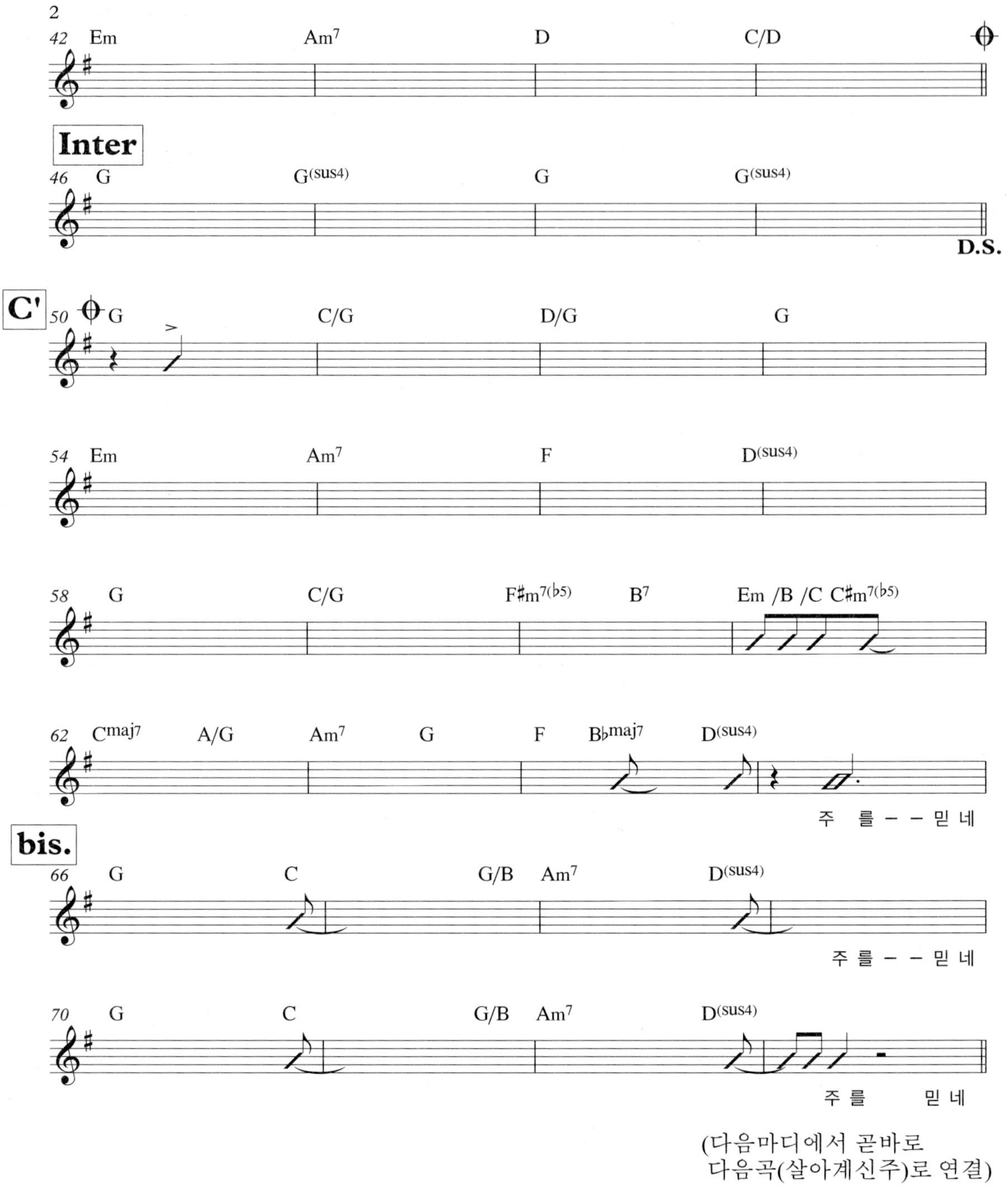
2
42 Em Am7 D C/D
Inter
46 G G(sus4) G G(sus4)
D.S.
C'
50 G C/G D/G G
54 Em Am7 F D(sus4)
58 G C/G F#m7(b5) B7 Em /B /C C#m7(b5)
62 Cmaj7 A/G Am7 G F Bbmaj7 D(sus4)
주 를 — — 믿 네
bis.
66 G C G/B Am7 D(sus4)
주 를 — — 믿 네
70 G C G/B Am7 D(sus4)
주 를 믿 네
(다음마디에서 곧바로
다음곡(살아계신주)로 연결)

살아계신 주

Arr. by 임호

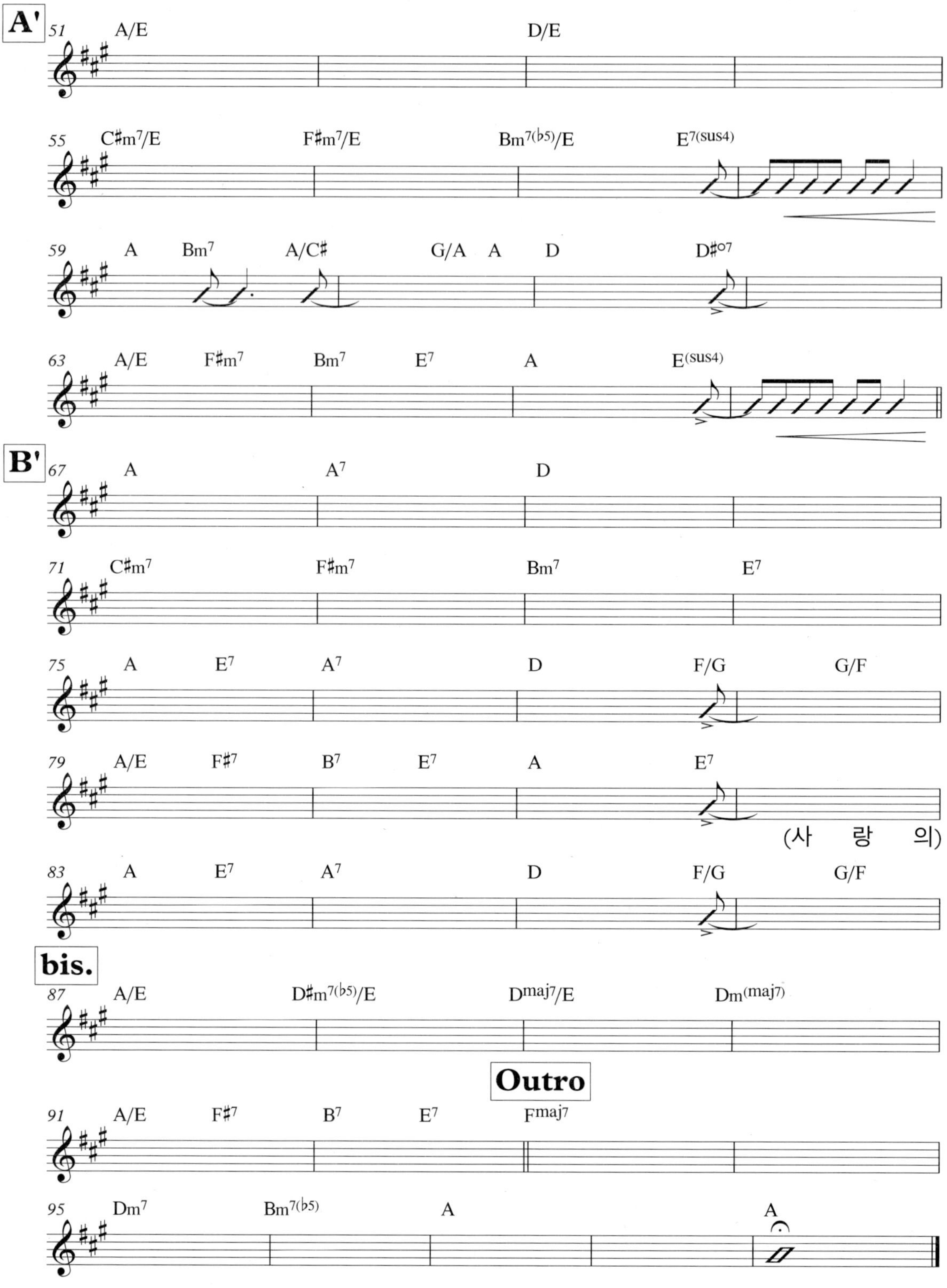
A'
51 A/E D/E
55 C♯m7/E F♯m7/E Bm7(♭5)/E E7(sus4)
59 A Bm7 A/C♯ G/A A D D♯o7
63 A/E F♯m7 Bm7 E7 A E(sus4)
B'
67 A A7 D
71 C♯m7 F♯m7 Bm7 E7
75 A E7 A7 D F/G G/F
79 A/E F♯7 B7 E7 A E7
(사 랑 의)
83 A E7 A7 D F/G G/F
bis.
87 A/E D♯m7(♭5)/E Dmaj7/E Dm(maj7)
Outro
91 A/E F♯7 B7 E7 Fmaj7
95 Dm7 Bm7(♭5) A A

참 반가운 성도여

Arr. by 김성현, 이은아, 임호

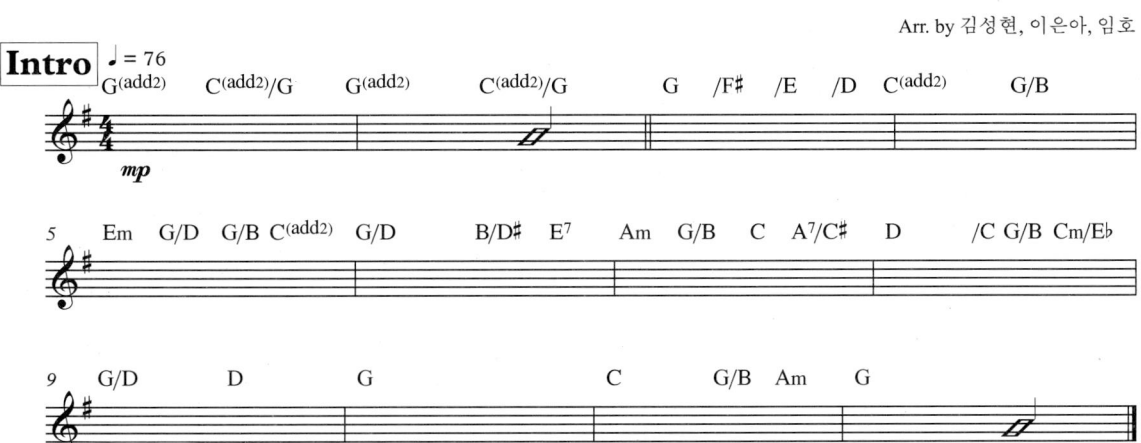

예수 그리스도의 탄생, 우리의 소망

Arr. by 김성현, 이은아, 임호

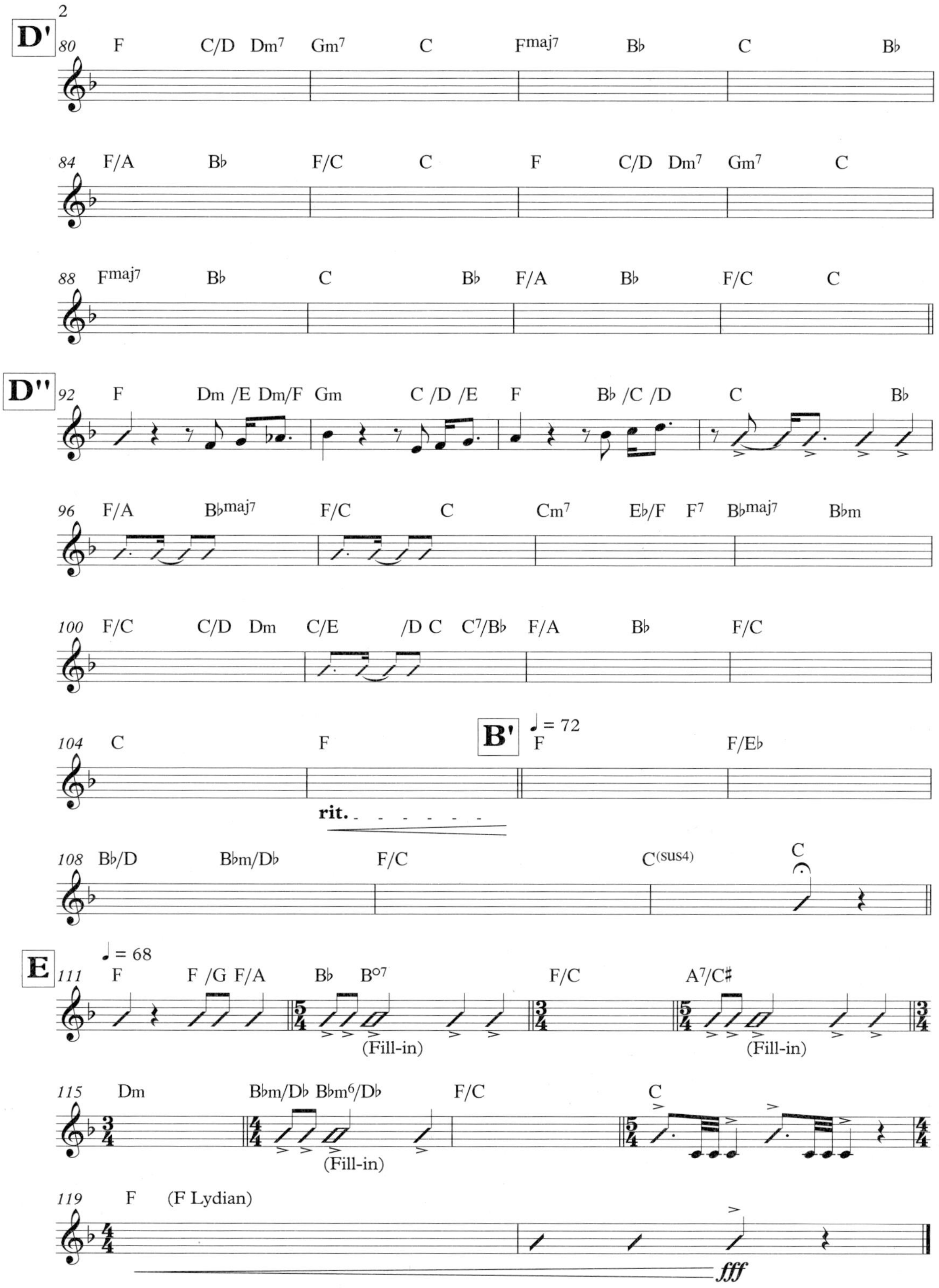
2
D'
80 F C/D Dm7 Gm7 C Fmaj7 B♭ C B♭
84 F/A B♭ F/C C F C/D Dm7 Gm7 C
88 Fmaj7 B♭ C B♭ F/A B♭ F/C C
D''
92 F Dm /E Dm/F Gm C /D /E F B♭ /C /D C B♭
96 F/A B♭maj7 F/C C Cm7 E♭/F F7 B♭maj7 B♭m
100 F/C C/D Dm C/E /D C C7/B♭ F/A B♭ F/C
104 C F
B'
♩= 72
F F/E♭
rit.
108 B♭/D B♭m/D♭ F/C C(sus4) C
E
♩= 68
111 F F /G F/A B♭ B°7 F/C A7/C♯
(Fill-in)
(Fill-in)
115 Dm B♭m/D♭ B♭m6/D♭ F/C C
(Fill-in)
119 F (F Lydian)
fff

이 몸의 소망 무언가, 살아계신 주

Arr. by 김성현, 이은아, 임호

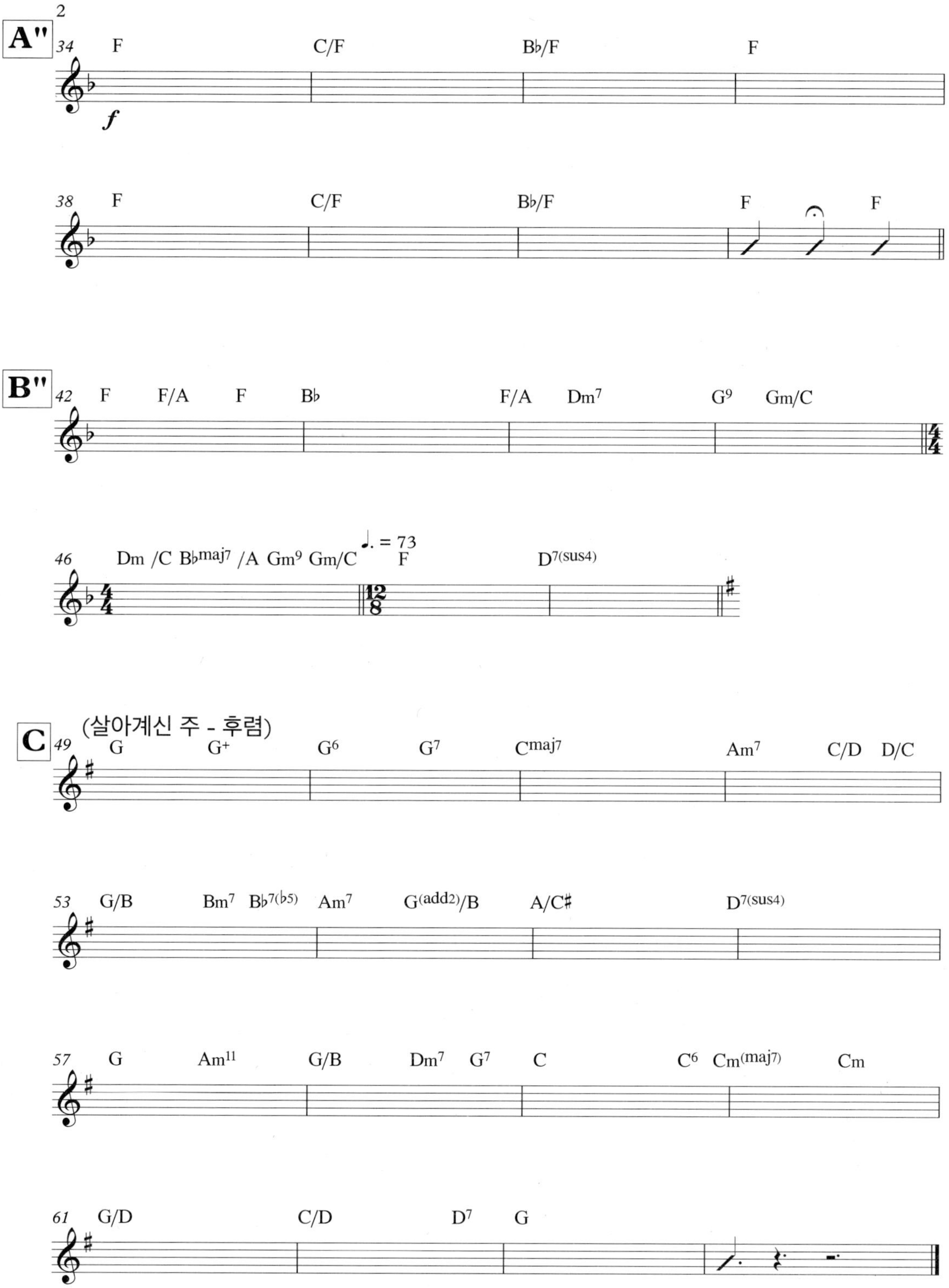
2
A"
34 F C/F B♭/F F
f
38 F C/F B♭/F F F
B"
42 F F/A F B♭ F/A Dm7 G9 Gm/C
46 Dm /C B♭maj7 /A Gm9 Gm/C
♩. = 73
F D7(sus4)
C
(살아계신 주 - 후렴)
49 G G+ G6 G7 Cmaj7 Am7 C/D D/C
53 G/B Bm7 B♭7(♭5) Am7 G(add2)/B A/C♯ D7(sus4)
57 G Am11 G/B Dm7 G7 C C6 Cm(maj7) Cm
61 G/D C/D D7 G

귀중한 보배합을

Arr. by 김성현, 이은아, 임호

참 반가운 성도여

Arr. by 김성현, 이은아, 임호

참 반가운 성도여

B' 37 | G D/G G D7(sus4)/G G | G D/F# G Am7 | G D/F# E7(♭9) |

41 | Am G/B Am/C A7/C# | D D/C G/B Am G/D | D | G | D/E E |

A'' 46 | A | E/A | A E/A A D/A | A E/G# |

50 | F#m7 C#m/E Bm | E A/C# E/B A E/B | B | E | E7/D |

54 | A/C# Bm7 A Bm7 A | E/G# C#/E# F#m7 B/D# | E |

B'' 58 | A | A E/G# A Bm7 | A E/G# F# |

62 | Bm7 A/C# D6 B7/D# | E E/D A/C# Bm7 A/E | E7 |

Outro 66 | A | D Bm7 E7 A | | ff |

모든 세대가 함께 드리는
성탄절 예배 프로그램

모두를 위한 성탄절

2018년 9월 15일 초판 1쇄 발행

펴낸 이 | 채윤성

펴낸 곳 | 도서출판 올포워십

편곡 및 악보 편집 | 임 호, 김성현, 이은아, 전지훈

표지 | Unography

디자인 | B.O.Art Studio 조보연

전화 | 010-7124-1671

이메일 | edit@all4worship.net

홈페이지 | www.all4worship.net